Wechselspiel

Interaktive Arbeitsblätter für die Partnerarbeit im Deutschunterricht

Michael Dreke, Wolfgang Lind

LANGENSCHEIDT

BERLIN · MÜNCHEN · WIEN · ZÜRICH · NEW YORK

Illustrationen: LUVI

Umschlaggestaltung: Klaus Meyer

Redaktion: Sabine Wenkums

Wechselspiel berücksichtigt die Änderungen,
die sich aus der Rechtschreibreform von 1996 ergeben.

Umwelthinweis: gedruckt auf chlorfrei gebleichtem Papier

Druck:	15.	14.	13.	12.	11.	Letzte Zahlen
Jahr:	2004	2003	2002	2001	2000	maßgeblich

© 1996, 2000 Langenscheidt KG, Berlin und München

Druck: Druckhaus Langenscheidt, Berlin
Printed in Germany · ISBN 3-468-49994-9

Inhaltsverzeichnis

Einleitung für Lehrerinnen und Lehrer

„Wechselspiel" ist ein Arbeitsbuch, das die Arbeit mit jedem kurstragenden Lehrbuch im Anfänger- und Fortgeschrittenenunterricht begleitet und unterstützt. Es richtet sich an Jugendliche und Erwachsene, die im In- und Ausland Deutsch als Fremdsprache lernen, und dient der Förderung der Sprechfähigkeit bei gleichzeitiger Festigung grammatischer Strukturen.

Im herkömmlichen Deutschunterricht führen die Lehrer/innen normalerweise grammatische Strukturen ein und schließen schriftliche Übungen dazu an. Dieses Vorgehen führt zu einer hohen strukturellen Kompetenz der Lernenden, vernachlässigt aber die kommunikative Kompetenz, d. h., bei den Lernenden entsteht ein Defizit in der mündlichen Äußerungsfähigkeit.

„Wechselspiel" basiert auf folgenden Überlegungen: Ziel des Fremdsprachenunterrichts ist bekanntlich, die Lernenden zu befähigen, „draußen" in den verschiedensten Situationen sprachlich angemessen zu handeln. Da es normalerweise nicht möglich ist, den Unterricht ins „Draußen" zu verlegen, sind die Lehrer/innen gezwungen, das „Draußen" in den Unterricht hereinzuholen, d. h. authentische Situation im Unterricht zu simulieren. Zu einer authentischen Situation gehört hauptsächlich die Komponente des Unbekannten; ein Sprecher weiß im Normalfall nicht, was sein Gesprächspartner ihn fragen bzw. ihm entgegnen wird. Mit anderen Worten: Das Charakteristische an einer authentischen Sprechsituation ist ein Informationsdefizit der Gesprächsteilnehmer, das zu erschließen ist. Es geht also um das Prinzip der *Informationslücke*.

Aus diesem Grund besteht „Wechselspiel" aus zwei Teilen: Teil A (jeweils auf der linken Seite) für den Lernenden / die Lernende A und Teil B (jeweils auf der rechten Seite) für seinen Partner / seine Partnerin, den Lernenden / die Lernende B. Beide Teile enthalten zu gleichen Sprechanlässen jeweils verschiedene Informationen.

Die folgenden Aufgabenstellungen kommen insofern authentischen Situationen nahe, als eine oder mehrere tatsächliche Informationslücken vorhanden sind, die den Sprechimpuls liefern:

- *Erfragen und Mitteilen von Informationen*
  Die A- und B-Lernenden sollen ihre jeweils unterschiedlichen Informationen austauschen. Dabei sprechen die Lernenden nicht nur über (unbekannte) Drittpersonen, sondern auch über sich selbst. Darüber hinaus wird den Lernenden in vielen dieser Übungen Sachwissen aus verschiedenen kulturellen Bereichen vermittelt (Deutsche Städte, Sigmund Freud, Astronomie usw.).
- *Meinungsäußerungen*
  Die Lernenden sollen ihre Meinungen zu bestimmten Themen äußern (Sympathie, Antipathie, Überzeugungen usw.).
- *Herstellen von Dialogen*
  Die Lernenden erhalten die Aufgabe, einen längeren Dialog zu erstellen.
- *Rollenspiele*
  Die Rollenkarten sind durch Vorgabe jeweils verschiedener Informationen auf Erzeugung von Konflikten angelegt, die im Verlauf des Spiels gelöst werden sollen.

Durch solche Übungstypen sehen wir die Kommunikation zwischen den Lernenden in einer ganz bestimmten Übungsphase (Transfer) innerhalb des Unterrichts gewährleistet.

„Wechselspiel" ist so gestaltet, dass sowohl die Lehrer/innen, die vom funktionalen Ansatz herkommen, als auch diejenigen, die vorrangig strukturell orientierten Unterricht betreiben, damit arbeiten können. Man kann sich sowohl auf das Einüben von bestimmten Redewendungen, die zu bestimmten Sprechintentionen gehören, konzentrieren als auch auf das Einschleifen von grammatischen Strukturen.

„Wechselspiel" kann von den Lehrern und Lehrerinnen praktisch ohne Vorbereitung im Unterricht eingesetzt werden und ist sehr leicht zu handhaben. Die Arbeitsblätter A und B dienen als Vorlagen, die nur noch fotokopiert werden müssen.

Den Lernenden bietet „Wechselspiel" Spaß, die Möglichkeit zur Konversation und zur Selbstkontrolle.

Für die freundliche Unterstützung unserer Kollegen Karlheinz Petzler, Barbara Ziebell und Uwe Optenhögel möchten wir uns an dieser Stelle herzlich bedanken.

Michael Dreke   Wolfgang Lind

Übersicht über die Kapitel

Kap.	Sprechintentionen	Themen	Grammatik/Wortschatz
1	Über Eigenschaften sprechen (von Personen)		Verb *sein* (Präsens) / Adjektive
2	Über Wohnort/Herkunft/Arbeitsplatz und Reiseziel sprechen		Konjugation Präsens / Präpositionen: *in, aus, bei, nach* / Fragepronomen: *Wo, Woher, Wohin*
3	Über Aktivitäten sprechen		Konjugation Präsens / Zeitangaben
4	Preise vergleichen / Einkaufen		Preise/Lebensmittel
5	Entfernungen feststellen	Städte im deutschsprachigen Raum	Drei- und vierstellige Zahlen
6	Eine Person näher kennen lernen und deren Bedürfnisse erfragen	Haben oder nicht haben	*haben* (Präs.) / Negation: *nicht, kein* / Akkusativ mit unbestimmtem Artikel
7	Bedürfnisse erfragen		Akkusativ mit unbestimmtem Artikel
8	Quantitäten erfragen und nennen	Wohnungen/Städte	Plural von Nomen / Fragepronomen: *Wie viele, Welche* / Wohnungs- und öffentliche Einrichtungen
9	Abkürzungen erfragen und nennen	Kfz-Kennzeichen u. a.	Alphabet
10	Uhrzeiten erfragen und nennen	Tagesablauf	Inoffizielle Zeitangaben / Trennbare Verben
11	Zeitpunkt und Zeitdauer erfragen und nennen	Fernsehen	Offizielle Zeitangaben / Stunde, Uhr
12	Über Familienverhältnisse sprechen		Possessivpronomen im Nominativ
13	Besitzverhältnisse erfragen und bestimmen		Dativ (Possessivpronomen)
14	Über Weihnachtseinkäufe sprechen	Weihnachten	Dativ (Personalpronomen)
15	Gefallen/Missfallen über Dinge ausdrücken		Adjektive
16	Sympathie/Antipathie ausdrücken		Akkusativ (Personalpronomen, bestimmter Artikel) / Adjektive
17	Fähigkeiten erfragen		Modalverb *können* (Präsens)
18	Sich verabreden		Wochentage/Modalverben
19	Über Pläne sprechen	Freizeit	Futur / Modalverb *wollen* (Präsens)
20	Städte lokalisieren	Landkarte der Bundesrepublik Deutschland	Himmelsrichtungen
21	Nach Busrouten fragen und darüber Auskunft geben		Präpositionen mit Dativ: *von, zu* / öffentliche Einrichtungen

Kap.	Sprechintentionen	Themen	Grammatik/Wortschatz
22	Nach dem Weg fragen / Den Weg beschreiben		Niedrige Ordinalzahlen / Richtungsangaben
23	Dinge (Häuser) beschreiben		
24	Kausale Zusammenhänge erfragen und ausdrücken		Kausalsätze
25	Sich an einem Fahrplan orientieren	Der Rhein	Konditionalsätze / offizielle Zeitangaben
26	Über persönliches Verhalten sprechen		Konditionalsätze
27	Gegenstände lokalisieren	Wohnungseinrichtung	Wechselpräpositionen/Möbel
28	Über kürzlich Vergangenes sprechen		Perfekt
29	Sich höflich erkundigen		Indirekte Fragesätze
30	Über Fußball sprechen	Fußball	Kardinal- und Ordinalzahlen / Perfekt / Futur
31	Personalien erfragen und angeben	Ordnungsamt	
32	Genaue persönliche Angaben erfragen und machen		Fragestellungen
33	Maße erfragen und nennen	Planeten	Zahlen/Maße/Fragestellungen
34	Vergleichen	Planeten	Komparativ und Superlativ
35	Ein Gespräch in einem Hotel führen	Im Hotel	
36	Personen unterscheiden		Relativsätze (alle Kasus)
37	Über Irreales sprechen		Konjunktiv II (Präsens)
38	Nach dem Allgemeinwissen fragen	Quiz-Fragen	Indirekte Fragesätze
39	Anweisungen erteilen / Körperteile benennen	Yoga	Imperativ/Körperteile
40	Personen identifizieren		
41	Unterschiede feststellen	Original und Fälschung	
42	Personen charakterisieren	Freizeitpartner	Charaktereigenschaften
43	Informationen austauschen	Stadtplanung	Passiv Präsens / Modalverben
44	Über Erfindungen und Entdeckungen sprechen	Erfindungen und Entdeckungen	Passiv Präteritum
45	Einen Tathergang rekonstruieren	Einbruch	Passiv Perfekt
46	Über die eigene Kindheit sprechen	Erziehung	Präteritum Aktiv und Passiv
47	Anteilnahme zeigen / Hilfe anbieten		

Kap.	Sprechintentionen	Themen	Grammatik/Wortschatz
48	Ein Gespräch in einer Autowerkstatt führen	In der Autowerkstatt	
49	Zeitliche Abläufe beschreiben		Zeitliche Verknüpfungselemente
50	Diskutieren, jemanden überzeugen	35-Stunden-Woche/ Kneipenkultur	
51	Ein Gespräch in einer Reinigung führen	In der Reinigung	
52	Zwecke und Absichten definieren	Einbruch	Finalsätze
53	Vorschläge machen/ablehnen/ annehmen	Freizeit	
54	Sich in die Situation einer anderen Person versetzen	Aussteiger	Konjunktiv II Vergangenheit
55	Eine Wohnung suchen	Wohnungsanzeigen	Wohnungen
56	Abstraktes beschreiben und verstehen		
57	Streitgespräche führen		
58	Missverständnisse aufklären		
59	Gegensätze feststellen und ausdrücken	Zeitungsinterview	Konzessivsätze
60	Eine Reise buchen	Tourismusanzeigen	
61	Ein Gespräch in einem Reisebüro führen	Im Reisebüro	
62	Eine Geschichte erzählen		Präsens/Präteritum
63	Widersprüche feststellen	Banküberfall	Vergangenheitsformen
64	Über Meinungen von anderen Leuten diskutieren	Zitate	
65	Werbetexte verstehen	Werbung	
66	Einen längeren Text beim Zuhören inhaltlich erfassen	Biographien von Hermann Hesse und Sigmund Freud	Substantivierung / Präteritum / zeitliche Verknüpfungselemente / Jahreszahlen
67	Beschreibungen von Tierverhalten verstehen	Tierverhalten	
68	Sich beschweren	Schule/Restaurant/Hotel	
69	Sich in unerwarteten Situationen behaupten		
70	Logische Zusammenhänge herstellen	Persönliche Briefe	

Erläuterungen zu den Kapiteln

Da es sich bei diesen Sprechanlässen um die Anwendungsphase handelt (Transfer), sollte die Grammatik vor Beginn der Übung bereits beherrscht und das Vokabular im Prinzip eingeführt werden, sofern es sich um Schlüsselvokabular handelt. Die Redemittel sollten ebenfalls vorher erläutert und anhand eines Beispiels durchgespielt werden. Um einen reibungslosen Ablauf der Übung zu gewährleisten, sollte man besonders bei Anfängern zuerst die Instruktionen klären und anschließend kontrollieren, ob sie richtig verstanden worden sind, wenn nötig in der Muttersprache.

Bei der Bearbeitung der Übungen sollte darauf geachtet werden, dass die Lernenden nicht das Arbeitsblatt ihres Partners / ihrer Partnerin sehen. Die Lehrer/innen sollten von Arbeitspaar zu Arbeitspaar gehen und sich vergewissern, ob die Redemittel und die grammatischen Strukturen korrekt benutzt werden, und eventuell Hilfestellung geben. Sie sollten aber nur bei schweren kommunikationsstörenden Fehlern verbessern und sich ansonsten die Fehler der Lernenden merken oder notieren, damit sie im Anschluss an die Übung darauf zurückkommen können. Wenn die Lernenden während der Übung etwas nicht verstehen, können sie die Lehrer/innen fragen.

Viele Aufgaben haben nur eine Lösung, sodass diese im Klassengespräch als Kontrolle besprochen werden kann. Die Lernenden können aber auch die Lösungen nach Abschluss der Übungen selbst korrigieren.

Bei vielen Übungen bietet sich eine Anschlussphase an, für die wir Vorschläge machen, die nicht unbedingt durchgeführt werden müssen.

Bei der Semestereinteilung sind wir von einer Unterrichtsfrequenz von 3 Zeitstunden pro Woche ausgegangen. Viele Übungen können darüber hinaus in fortgeschrittenen Semestern zu Wiederholungszwecken eingesetzt werden.

Hier nun die wichtigsten Erläuterungen zu den einzelnen Kapiteln:

Ab Beginn des 1. Semesters:
Kap. 1: Den Lernenden sollte genügend Zeit zum Ankreuzen gegeben werden. Wegen der starken persönlichen Betroffenheit sollte die Plenumsphase, wenn die Lernenden vor der Klasse über ihre Partner/innen berichten, nur durchgeführt werden, wenn ein kameradschaftliches Klassenklima herrscht. Beispiel 3 sollte nur durchgeführt werden, wenn die Lehrer/innen sich für aufgeschlossen genug halten.
Anschlussphase: Wiederholung der Übung im gemeinsamen freien Klassengespräch.
Schreibanlass: Beschreibung einer Person nach diesem Schema (Lehrer/in, Mutter, Freund/in usw.).

Kap. 2: Städte- und Ländernamen vorher einführen, um orthographische Probleme zu vermeiden. Die Übung lässt sich erweitern, z. B.: „Was macht Herr Kruse heute?"
Anschlussphase: s. Kapitel 1.

Kap. 3: *Anschlussphase:* s. Kapitel 1.

Ab 1. Semester:
Kap. 4: Käufer und Verkäufer notieren mit. Wenn die Partner/innen zu unterschiedlichen Gesamtbeträgen kommen, sollten die Mengen und die Preise noch einmal kontrolliert werden, ohne dass die Partner/innen sich die Arbeitsblätter zeigen.
Anschlussphase: Vorspielen von Einkaufsszenen. Schreibanlass: Erstellen einer Einkaufsliste.

Kap. 5: Eventuell Landkarte von der Bundesrepublik Deutschland mitbringen.
Anschlussphase: Klassengespräch über Entfernungen in den Mutterländern der Lernenden.

Kap. 6: s. Kapitel 1. Im Plenumsgespräch können die ersten Akkusativformen auftauchen.
Anschlussphase: s. Kapitel 1.

Kap. 7: Besprechen der Ergebnisse im Plenum.
Anschlussphase: Über authentische Bedürfnisse der Lernenden sprechen. Dabei Einführung neuen Vokabulars, da Bedürfnisse von Land zu Land unterschiedlich sind. Kann auch als Schreibanlass benutzt werden.

Kap. 8: Bei dieser Übung geht es um die Einführung der verschiedenen Pluralformen. Im Plenumsgespräch kommen Komparativ und Superlativ von *viel* vor.
Anschlussphase: Erst am Ende der Übung sollen die Lernenden auf die entsprechenden Singularformen schließen, damit sich die Pluralformen durch mehrfachen Gebrauch bereits eingeprägt haben. Dabei stellen die Lernenden verschiedene Pluralendungen fest. Die Substantive aus den Übungen sollen nun nach Endungen in Gruppen zusammengefasst werden. Diese Gruppen können durch weitere bekannte Substantive ergänzt werden. Weiter kann über „unser Klassenzimmer", „meine Wohnung", „unsere Stadt" usw. gesprochen werden.

Kap. 9: Wenn ein Lernender nicht weiß, wie man die betreffende Antwort schreibt, soll sein Partner / seine Partnerin sie ihm buchstabieren.
Anschlussphase: Über weitere muttersprachliche oder andere Abkürzungen sprechen.

Kap. 10: Trennbare Verben sollten beherrscht werden.
Anschlussphase: Tagesablauf erzählen oder schreiben lassen.

Kap. 11: Vor Beginn der Übung sollte man die Lernenden mit dem (einem) Fernsehprogramm beschäftigen, z. B.: „Was sind Unterhaltungssendungen, Nachrichten usw.?" Es sollte darauf geachtet werden, dass die Lernenden offizielle Zeitangaben benutzen.

Anschlussphase: Gespräch über aktuelles Fernsehprogramm des jeweiligen Landes. Fernsehansager/innen spielen (Redemittel: dann, danach, anschließend, als Nächstes).

Kap. 12: Das Possessivpronomen wird erst in der Plenumsarbeit von den Lernenden angewendet. Persönliche Betroffenheit s. Kapitel 1.

Ab 2. Semester:

Kap. 13: Das Radio hat keine Zuordnung. Es kann nur dem Onkel gehören.
Anschlussphase: Die Lernenden stecken unauffällig persönliche Gegenstände in einen Beutel oder Karton (Vokabular einführen!). Im Klassengespräch wird darüber spekuliert, wem was gehört. Achtung: Personalpronomen im Dativ!

Kap. 14: Gespräch über das Thema „Schenken" vorschalten. Es ist ratsam, sich zunächst auf die ersten vier Personen zu konzentrieren und die Übung nur fortzusetzen, wenn noch Interesse besteht.
Anschlussphase: Klassengespräch: Zu welchen Anlässen schenkt bzw. bekommt man etwas? Eventuelle Simulation eines festlichen Anlasses.

Kap. 15: Betroffenheit s. Kapitel 1.
Anschlussphase: Im Klassengespräch Gefallen und Missfallen über weitere Dinge äußern lassen.

Kap. 16: Über die Lehrer/innen sollte nur gesprochen werden, wenn sie sich für aufgeschlossen genug halten. Für den leeren Bilderrahmen kann sich die Klasse auf eine beliebige Person einigen.
Anschlussphase: Im Klassengespräch sich über allgemein bekannte Persönlichkeiten äußern lassen (Schauspieler, Politiker usw.).

Kap. 17: *Toll* und *dufte* sind umgangssprachliche Elemente. Das sollte den Lernenden erklärt werden.
Anschlussphase: Weitere Fähigkeiten im Klassengespräch erfragen lassen.

Kap. 18: Hier gibt es zwei Verabredungsmöglichkeiten.
Anschlussphase: Eine Verabredung für einen gemeinsamen Kinobesuch (z.B.) mit der Klasse simulieren.

Kap. 19: Anschlussphase: Die Lernenden können schriftlich oder mündlich darüber berichten, was sie in den Ferien, am Wochenende usw. vorhaben.

Kap. 20: *Anschlussphase:* Weitere landeskundliche Aspekte klären, z.B.: Einteilung der Bundesrepublik in Bundesländer usw. Gespräch über geographische Verhältnisse der Herkunftsländer der Lernenden.

Kap. 21: *Anschlussphase:* Gespräch über Bus- bzw. U-Bahnlinien einer Stadt.

Kap. 22: *Anschlussphase:* Die Lernenden beschreiben dem Lehrer / der Lehrerin den Weg zu einer Straße / einem Gebäude in der Umgebung der Schule.

Kap. 24: *Anschlussphase:* Wiederholung der Übung im Klassengespräch mit Nachfragen: „Warum hat Herr Schrader kein Geld?" – „Weil er arbeitslos ist." – „Warum ist er arbeitslos?" usw. Dabei können auch Kausalsätze als Hauptsätze mit *denn* verwendet werden.

Kap. 25: Hier kann auch der Konjunktiv II geübt werden: „Wann wären wir in Koblenz, wenn wir das Schiff um 9 Uhr nehmen würden?"
Anschlussphase: Zusätzliche Informationen über den Rhein geben. Klassengespräch über einen örtlichen Fahrplan.

Kap. 26: Ebenfalls Übungsmöglichkeit für Konjunktiv II: „Was würde Frau Sonnenblume machen, wenn sie Zeit hätte?" – „Dann würde sie tanzen gehen."
Anschlussphase: Klassengespräch über diese und andere Situationen.

Ab 3. Semester:

Kap. 23: Folgendes Vokabular vorweg klären: Balkon, Gardine, Antenne, Schornstein, Dach, Stockwerk, Baum.
Anschlussphase: Irgendein Haus beschreiben lassen: „Unser Haus", „Schule" usw.

Kap. 27: Wenn Schwierigkeiten beim Zeichnen auftauchen, reicht es, wenn die Lernenden die Objekte andeuten oder schriftlich eintragen.
Anschlussphase: Schriftlich oder mündlich die eigene Wohnung beschreiben lassen.

Kap. 28: Vor Beginn der Übung sollte den Lernenden gesagt werden, dass sie Antworten verweigern bzw. lügen dürfen. Bevor im Plenum über den Partner / die Partnerin erzählt wird, Erlaubnis von ihm/ihr einholen.
Anschlussphase: Im Klassengespräch frei über das letzte Wochenende, den letzten Urlaub usw. erzählen lassen. Ist auch als Schreibanlass möglich.

Kap. 29: Es geht hier in erster Linie um die Fragestellung. Deshalb sollen die Fragen immer umgeformt werden, die Antworten nur, wenn nötig. Die Lernenden sollten das Perfekt beherrschen.
Anschlussphase: Noch einmal frei spielen lassen, d.h. nur die Situationen angeben. Dies ist dann ein erster Übergang zu freien Rollenspielen.

Ab 4. Semester:

Kap. 30: Die Übung sollte nur durchgeführt werden, wenn sich ein großer Teil der Klasse für Fußball interessiert. Zuvor einleitendes Gespräch über Fußball. Nicht unbedingt alle Teile der Übung ohne Unterbrechung durchführen.
Anschlussphase: Über die aktuellen Fußballergebnisse des entsprechenden Landes sprechen.

Kap. 31: Aufpassen bei der Fragestellung! Geburtsort = „Wo sind Sie geboren?" usw.

Anschlussphase: Rollenspiel: „Zollkontrolle" oder „Auf einem Amt". Dabei können weitere Personalien erfragt werden.

Kap. 33: Einführungsgespräch über unser Sonnensystem. Eignet sich gut zur Wiederholung von Zahlenformen, auch für Fortgeschrittene.

Kap. 34: Diese Übung stellt eine mögliche Anschlussphase an Kapitel 33 dar. Die Fragen 1 bis 18 beinhalten den Komparativ, 19 bis 37 den Superlativ.

Anschlussphase: Zwei Länder miteinander vergleichen, z. B. das Herkunftsland der Lernenden mit der Bundesrepublik Deutschland.

Kap. 35: Es sollte garantiert werden, dass die Lernenden sich bei Rollenspielen strikt an ihre Rolle halten. Vermeiden Sie, dass bei der Zuteilung der Rollen Lernende überfordert oder in eine Rolle gezwungen werden, die sie eventuell verweigern würden.

In kleineren Klassen ist es ratsam, die einzelnen Szenen theatralisch vor der Klasse vorspielen zu lassen (ein Paar spielt Szene 1, ein anderes Szene 2 usw.). Die Lernenden, die nicht spielen, erhalten die Aufgabe, die gehörte und gesehene Szene anschließend nachzuerzählen. Diese Aufgabenstellung erhöht die Aufmerksamkeit der an der Szene nicht beteiligten Lernenden.

In größeren Klassen kann zuerst eine Szene vorgespielt werden, die restlichen Szenen werden in geschlossenen Paaren durchgeführt. Hinterher berichtet jedes Paar, zu welchem Ergebnis es gekommen ist.

Kap. 37: *Anschlussphase:* Die Lernenden erweitern die Sätze, indem sie eine Begründung angeben: *Ich würde …, wenn …, weil … .*

Die Lernenden nennen weitere Gegebenheiten, die sie oder Bekannte von ihnen erlebt haben. Anschließend fragen sie ihre Mitschüler, ob sie dies oder jenes auch tun würden.

Kap. 38: s. Lösungen.

Anschlussphase: Spiel: Klasse in zwei Gruppen teilen. Jede Gruppe arbeitet ca. 10 Fragen aus, die sie auch beantworten kann. Die Fragen werden der jeweils anderen Gruppe gestellt. Die Gruppe, die die meisten Fragen beantworten konnte, hat gewonnen.

Ab 5. Semester:

Kap. 32: *Anschlussphase:* Schreibanlass: Eine Kurzbiographie schreiben lassen.

Kap. 36: *Anschlussphase:* Wiederholung der Übung im Klassengespräch mit Nachfragen: „Warum geht Frau Wunderbar nie ohne Sonnenbrille ins Kino?" usw. Man kann auch weitere Informationen über Personen an der Schule erfragen und geben lassen.

Kap. 39: s. Lösungen.

Bezeichnungen für Körperteile und Verben wie *strecken, anziehen, knien* usw. sollten vorher eingeführt werden.

Anschlussphase: Die Lernenden denken sich in Gruppenarbeit eine leichte gymnastische Übung aus, die eine andere Gruppe nach Anweisungen ausführt. Fortgeschrittene können auch die Aufgabe erhalten, ihre Zeichnungen zu beschreiben. Die anderen Lernenden sollen die entsprechende Zeichnung erkennen bzw. den entsprechenden Text zuordnen.

Kap. 40: Anschlussphase: Ein Lernender beschreibt eine Person aus der Klasse, die die anderen aufgrund der Beschreibung erraten sollen.

Kap. 42: s. Lösungen.

Anschlussphase: Schreibanlass: Antwortbrief auf eine Anzeige oder eine eigene Anzeige schreiben lassen.

Kap. 43: Vorher ein ausführliches Gespräch über das Thema „Stadtplanung" führen, in dem das Vokabular eingeführt wird.

Anschlussphase: Inhalt so weit wie möglich mit oder ohne Arbeitsblätter nacherzählen lassen. Diskussion über die Probleme der jeweiligen Stadt.

Kap. 44: *Anschlussphase:* Über weitere Erfindungen und Entdeckungen sprechen.

Kap. 45: *Anschlussphase:* Die Geschichte rekonstruieren und spekulieren lassen, was in der Aktenmappe war.

Kap. 46: Betroffenheit s. Kapitel 28.

Anschlussphase: Die Übung eignet sich auch zur Wiederholung des Konjunktiv II. Kann auch als Schreibanlass verwendet werden („Meine Kindheit", „Wie ich meine Kinder erziehen würde").

Kap. 47: Hier ist darauf zu achten, dass der Partner, der das Problem hat, den Sprechintentionen auf der rechten Seite folgt. Der andere Partner beginnt das Gespräch.

Anschlussphase: Rollenspiele mit ähnlichen Situationen.

Kap. 48: s. Kapitel 35.

Kap. 49: s. Lösungen.

Anschlussphase: Mündlich oder schriftlich nacherzählen lassen.

Kap. 51: s. Kapitel 35.

Kap. 52: *Anschlussphase:* Die Geschichte im Zusammenhang erzählen lassen.

Kap. 53: Es werden zwei Dialoge gespielt. Einmal beginnt Partner/in A, einmal Partner/in B. Die Anzeigen dienen als Sprechimpulse für Vorschläge.

Anschlussphase: s. Kapitel 18.

Ab 6. Semester:

Kap. 41: Wörter wie *Scheitel, Falten* usw. sollten bekannt sein.

   Anschlussphase: Lernende beschreiben schriftlich oder mündlich die Unterschiede zwischen sich und einer anderen Person (z. B.: Bruder, Schwester usw.).

Kap. 50: Redemittel sollten vor Beginn anhand eines Beispiels veranschaulicht werden. s. Kapitel 35.

   Anschlussphase: Wenn die Themen für die Klasse relevant sind, können sie auch im Plenum diskutiert werden.

Kap. 54: Bevor im Plenum über den Partner / die Partnerin erzählt wird, Erlaubnis von ihm/ihr einholen.

Kap. 55: s. Lösungen.

   Die Lernenden sollten sich strikt an ihre Anweisungen halten.

   Anschlussphase: Brief auf eine dieser Anzeigen hin schreiben oder ein Wohnungsgesuch formulieren.

Kap. 56: Die Lernenden dürfen ihre Beschreibungen nicht durch Gesten unterstützen.

Kap. 57: s. Kapitel 35 und 50.

Kap. 58: s. Kapitel 35 und 50.

Kap. 59: *Anschlussphase:* Lernende machen innerhalb oder außerhalb der Schule ein Interview und schreiben anschließend anhand ihrer Notizen einen Zeitungsartikel.

Kap. 60: s. Lösungen.

   Die Lernenden sollten sich strikt an ihre Anweisungen halten.

   Anschlussphase: Schreibanlass: Brief an das gefundene Hotel schreiben und Zimmer buchen.

Kap. 61: s. Kapitel 35.

Kap. 62: *Anschlussphase:* Die Übung kann eventuell als Aufhänger für schriftliches und mündliches Erzählen von Märchen, Sagen usw. benutzt werden.

Kap. 63: *Anschlussphase:* Vortragen der gefundenen Unterschiede und Widersprüche vor der Klasse.

Ab Zertifikat Deutsch:

Kap. 64: *Anschlussphase:* Über allgemein bekannte Zitate sprechen.

Kap. 65: s. Lösungen.

   Anschlussphase: Werbetexte verfassen. Dabei können Zeitungsausschnitte verwendet werden.

Kap. 66: s. Lösungen.

   Anschlussphase: Schreibanlass: Anhand der Notizen sollen die Lernenden die jeweilige Biographie ausformulieren. Das kann auch mündlich gemacht werden. Weiterhin können auch Biographien von Persönlichkeiten aus den Mutterländern der Lernenden verfasst werden.

Kap. 67: s. Lösungen.

   Anschlussphase: Ergebnisse in der Klasse besprechen. Gute Klassen können die Aufgabe erhalten, die Bilder mündlich oder schriftlich noch einmal zu beschreiben. Schreibanlass: Andere Tiere und ihr Verhalten beschreiben.

Kap. 68: s. Kapitel 35 und 50.

Kap. 69: s. Kapitel 35.

Kap. 70: s. Lösungen.

   Anschlussphase: Die Briefe im Kontext vorlesen.

Die Lehrer/innen sollten immer einige Reserveblätter zur Hand haben für den Fall, dass nicht alle Lernenden zum Unterricht erscheinen. Dann kann ohne weiteres ein A-Partner mit zwei B-Partnern zusammenarbeiten oder umgekehrt.

1A Über Eigenschaften sprechen (von Personen)

	① Ich bin:	② Mein/e Partner/in ist:	③ Der/Die Lehrer/in ist:
müde			
verheiratet			
ledig			
traurig			
immer allein			
glücklich			
sauer			
pleite			
blau			
krank			
nervös			
satt			
berufstätig			
heute Abend zu Haus			
pünktlich			

Kreuzen Sie zuerst das an, was auf Sie zutrifft.
Dann fragen Sie Ihren Partner / Ihre Partnerin. Notieren Sie die Antworten.
Notieren Sie auch alles, was Sie von Ihrem Lehrer / Ihrer Lehrerin wissen.

Beispiel 1 + 2:	A: Bist du müde? / Sind Sie müde?
	B: Nein, und du? / Nein, und Sie?
	A: Ich auch nicht. / Ich bin müde.
oder:	A: Bist du müde?
	B: Ja, und du?
	A: Ich auch. / Ich bin nicht müde.
Beispiel 3:	A: Ist der/die Lehrer/in müde?
	B: Ja. / Nein. / Ich weiß nicht.

Am Ende erzählen Sie in der Klasse, was Sie über Ihren Partner / Ihre Partnerin und den Lehrer / die Lehrerin wissen.

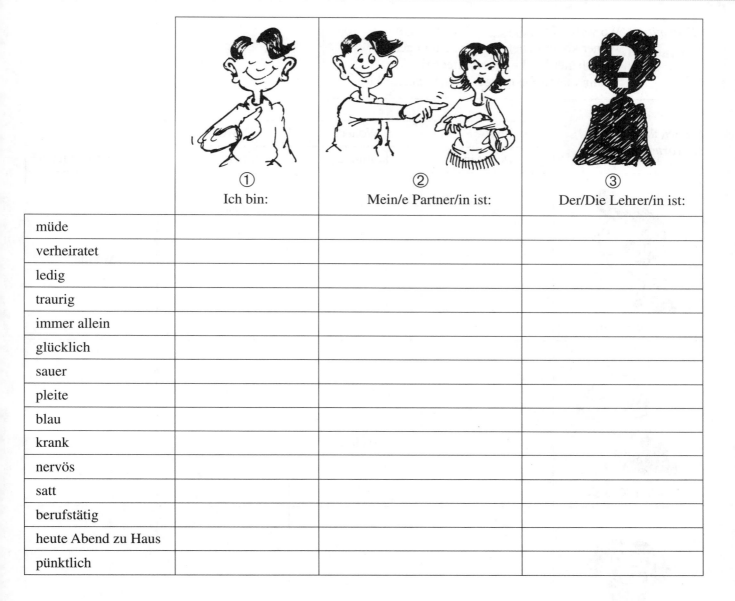

	① Ich bin:	② Mein/e Partner/in ist:	③ Der/Die Lehrer/in ist:
müde			
verheiratet			
ledig			
traurig			
immer allein			
glücklich			
sauer			
pleite			
blau			
krank			
nervös			
satt			
berufstätig			
heute Abend zu Haus			
pünktlich			

Kreuzen Sie zuerst das an, was auf Sie zutrifft.
Dann fragen Sie Ihren Partner / Ihre Partnerin. Notieren Sie die Antworten.
Notieren Sie auch alles, was Sie von Ihrem Lehrer / Ihrer Lehrerin wissen.

Beispiel 1 + 2:   A: Bist du müde? / Sind Sie müde?
                  B: Nein, und du? / Nein, und Sie?
                  A: Ich auch nicht. / Ich bin müde.

       oder: A: Bist du müde?
                  B: Ja, und du?
                  A: Ich auch. / Ich bin nicht müde.

Beispiel 3:   A: Ist der/die Lehrer/in müde?
                  B: Ja. / Nein. / Ich weiß nicht.

Am Ende erzählen Sie in der Klasse, was Sie über Ihren Partner / Ihre Partnerin und den Lehrer / die Lehrerin wissen.

> *Redemittel:* Wo wohnt <u>Frau Schulz</u>? – <u>Sie</u> wohnt in … .
> Woher kommt <u>Dieter</u>? – <u>Er</u> kommt aus … .
> Wo arbeitet <u>Iris</u>? – <u>Sie</u> arbeitet bei … .
> Wohin fahren <u>Sie</u> morgen? – <u>Ich</u> fahre nach … .

Fragen und antworten Sie.

| | Wo? | Woher? | Wo? | Wohin? |
	wohnt in	kommt aus	arbeitet bei	fährt morgen nach
Frau Schulz			Osram	Weimar
Herr Kruse		Sachsen	Zeiss	
Dieter	München			Österreich
Iris	Berlin	Süddeutschland		
Sie				
Ihr/e Partner/in				

> *Redemittel:* Wo wohnt <u>Iris</u>? – <u>Sie</u> wohnt in … .
> Woher kommt Herr <u>Kruse</u>? – <u>Er</u> kommt aus … .
> Wo arbeitet <u>Frau Schulz</u>? – <u>Sie</u> arbeitet bei … .
> Wohin fahren <u>Sie</u> morgen? – <u>Ich</u> fahre nach … .

Fragen und antworten Sie.

	Wo? wohnt in	Woher? kommt aus	Wo? arbeitet bei	Wohin? fährt morgen nach
Frau Schulz	Köln	Thüringen		
Herr Kruse	Jena			Rostock
Dieter		Niedersachsen	Volkswagen	
Iris			Aufbau-Verlag	Malente
Sie				
Ihr/e Partner/in				

Was machen die alles?

	jetzt	heute Abend	morgen	am Wochenende	im Urlaub
Karin		macht die Hausaufgaben			fliegt nach Rom
Klaus	arbeitet		hört Musik		fährt nach Paris
Ute und Bernd	flirten		gehen ins Kino		
Ich					
Mein/e Partner/in					

---

1. Beispiel: Was macht <u>Klaus</u> morgen? – <u>Er</u> …

Was machen <u>Ute und Bernd</u> jetzt? – <u>Sie</u> …

2. Notieren Sie, was Sie alles machen. Dann fragen Sie Ihren Partner / Ihre Partnerin.

Beispiel: Was machen Sie jetzt? / Was machst du jetzt? – Ich …

Wer ist aktiv? Wer nicht?

Was machen die alles?

	jetzt	heute Abend	morgen	am Wochenende	im Urlaub
Karin	lernt Deutsch		strickt	schreibt Briefe	
Klaus		trinkt ein Bier		kocht	
Ute und Bernd		sehen fern		lesen	gehen zum Strand
Ich					
Mein/e Partner/in					

1. Beispiel: Was macht <u>Klaus</u> morgen? – <u>Er</u> …
　　　　　　Was machen <u>Ute und Bernd</u> jetzt? – <u>Sie</u> …
2. Notieren Sie, was Sie alles machen. Dann fragen Sie Ihren Partner / Ihre Partnerin.
　Beispiel: Was machen Sie jetzt? / Was machst du jetzt? – Ich …

Wer ist aktiv? Wer nicht?

1. *Sie waren in einem Supermarkt und haben dort die Preise notiert. Jetzt gehen Sie in einen kleinen Laden und möchten die Preise vergleichen. Fragen Sie den Verkäufer / die Verkäuferin (Ihren Partner / Ihre Partnerin). Notieren Sie die Preise.*

	Kaufhaus	Laden
1 Liter Milch	0,50 Euro	0,45 Euro
1 Tafel Schokolade	0,60 Euro	
1 Pfund Schinken	6,00 Euro	
1 Dose Kakao	2,00 Euro	
1 Flasche Bier	0,60 Euro	
1 Pfund Käse (Edamer)	3,50 Euro	
1 Tüte Bonbons	0,40 Euro	
1 Becher Joghurt	0,45 Euro	
1 Pfund Äpfel	0,75 Euro	
1 Glas Marmelade	0,65 Euro	

2. *Vergleichen Sie jetzt die Preise. Kaufen Sie im Laden nur davon etwas, was billiger oder genauso teuer ist wie im Supermarkt. Notieren Sie den Artikel, die Menge und den Preis.*

Beispiel:

Artikel	Menge	Preis
Milch	2 Liter	0,90 Euro
	Gesamtbetrag:	

Rechnen Sie jetzt nach. Stimmt der Gesamtbetrag? Nein? Wo ist der Fehler?

Redemittel:	1. – Wie viel kostet … ?	2. – Ich nehme …
	– Was kostet … ?	– Ich möchte (gern) …
	– Wie teuer ist … ?	– Ich hätte gern …

1. *Sie sind Verkäufer/in in einem Laden. Ein Kunde / Eine Kundin kommt und fragt nach den Preisen. Hier haben Sie eine Preisliste:*

1 Liter Milch	0,45 Euro
1 Pfund Äpfel	1,10 Euro
1 Tüte Bonbons	0,50 Euro
1 Pfund Käse (Edamer)	3,40 Euro
1 Becher Joghurt	0,65 Euro
1 Tafel Schokolade	0,60 Euro
1 Pfund Schinken	6,60 Euro
1 Dose Kakao	2,00 Euro
1 Glas Marmelade	0,95 Euro
1 Flasche Bier	0,55 Euro

2. *Jetzt möchte er/sie auch noch etwas kaufen. Notieren Sie den Artikel, die Menge und den Preis.*

Beispiel:

Artikel	Menge	Preis
Milch	2 Liter	0,90 Euro
	Gesamtbetrag:	

Rechnen Sie jetzt alles zusammen.

Redemittel: 2. – Sonst noch etwas?
– Ist das alles?
– Das macht zusammen …

Städte im deutschsprachigen Raum

Entfernungstabelle

	Augsburg	Bamberg	Basel	Bayreuth	Berchtesgaden	Berlin	Bonn	Braunschweig	Bremen	Darmstadt	Düsseldorf	Emden	Essen	Flensburg	Frankfurt a. M.	Freiburg i. Br.	Garmisch-Part.	Hamburg	Hannover	Heidelberg	Karlsruhe	Kassel	Kiel	Köln	Konstanz	Lindau	Lübeck	München	Nürnberg	Passau	Regensburg	Saarbrücken	Stuttgart	Wiesbaden
Aachen	579	455	597	516	784	644	94	412	382	273	79	384	117	656	256	541	694	486	363	316	402	322	581	72	660	672	551	628	476	701	578	257	480	217
Augsburg		195	332	218	219	586	471	532	684	323	541	785	574	882	323	279	115	712	570	264	243	441	807	498	198	157	789	69	137	249	133	388	165	373
Bamberg			486	61	374	404	378	337	489	232	417	638	450	687	199	394	309	517	379	214	255	246	612	374	363	348	582	240	58	283	160	367	244	243
Basel				513	542	879	484	675	778	309	564	860	593	1012	334	62	351	836	676	253	207	516	942	518	150	193	891	382		566	458	347	242	351
Bayreuth					356	368	433	358	533	312	478		511	700	260	440	331	530	423	275	316	273	625	435	369	368	593	263	81	293	131	428	269	298
Berchtesgaden						724	738	736	872	527	791	993	824	1078	528	498	192	908	762	483	462	620	1003	703	374	331	973	156	316	169	225	607	384	567
Berlin							633	232	402	570	571	542	527	422	554	827	687	285	284	636	692	381	344		732	731	319	592	447	669	546	705	624	592
Bonn								410	374	183	70	394	103	624	171	422	586		349	240	296	267	549	27	524	571	519	558	368	593	470	228	362	136
Braunschweig									175	356	333	315	295	342	329	603	670	172	65	412	468	149	275	383	675	718	214	577	395	620	497	519	513	368
Bremen										476	302	140	265	288	426	700	799	120	110	509	565	270	213	330	770	813	183	729	547	772	649	588	608	465
Darmstadt											238	583	303	724	39	198	430	558	387	56	110	206	567	230	301	360	533	363	214	426	298	165	163	57
Düsseldorf												313	38	577	218	492	656	407	284	301	346	244	502	43	565	608	472	628	438	663	540	301	403	
Emden													288	428	531	805	900	258	250	614	670	354	353	356	878	921	323	823	658	883	760	614	716	519
Essen														553	251	525	689	369	246		379	209	464	76	598	641	434	643	471	696	573	334	436	239
Flensburg															670	944	997	170	330	753	809	490	78	597		1065	158	927	745	970	847	860	860	709
Frankfurt a. M.																272	438	494	340	83	124	180	599	191	344	387	569	372	220	445	322	190	182	39
Freiburg i. Br.																	348	755	613	191	140	454	874	443	136	177	838	340	369	520	412	285	179	283
Garmisch-Part.																		850	685	383	356	556	922	613	214	171	904	93	258	273	230	501	280	500
Hamburg																			156	583	625	320	95	427	871	918	65	757	575	805	683	680	690	543
Hannover																				423	473	160	255	322	692	739	225	619	437	662	539	530	530	379
Heidelberg																					56	263	678	258	265	312	648	333	228	452	329	141	103	94
Karlsruhe																						319	734	303	238	285	698	284	266	491	368	145	76	144
Kassel																							415	250	524	571	385	483	304	529	406	370	362	219
Kiel																								522	947	994	78		670	901	778	785	785	638
Köln																									522	569	492	567	400	615	492	258	360	162
Konstanz																										43	917	229	288	409	366	383	162	382
Lindau																											964	186	287	366	323	430	209	429
Lübeck																												822	640	870	747	750	755	608
München																													165	180	137	441	218	411
Nürnberg																														225	102	387	190	259
Passau																															123	612	400	484
Regensburg																																493	270	361
Saarbrücken																																	221	162
Stuttgart																																		221

Fragen Sie Ihren Partner / Ihre Partnerin nach den fehlenden Angaben. Notieren Sie die Antworten.

Hamburg/Bonn	=	km
Köln/Berlin	=	km
Heidelberg/Essen	=	km
Konstanz/Flensburg	=	km
München/Kiel	=	km
Nürnberg/Basel	=	km
Düsseldorf/Wiesbaden	=	km
Bayreuth/Emden	=	km

Redemittel:

A: Wie weit ist es von Bonn nach Aachen? /
Wie viele Kilometer (km) sind es von Bonn nach Aachen?

B: (94) Kilometer (km).

Städte im deutschsprachigen Raum

Entfernungstabelle

	Aachen	Augsburg	Bamberg	Basel	Bayreuth	Berchtesgaden	Berlin	Bonn	Braunschweig	Bremen	Darmstadt	Düsseldorf	Emden	Essen	Flensburg	Frankfurt a. M.	Freiburg i. Br.	Garmisch-Part.	Hamburg	Hannover	Heidelberg	Karlsruhe	Kiel	Köln	Konstanz	Lindau	Lübeck	München	Nürnberg	Passau	Regensburg	Saarbrücken	Stuttgart
Wiesbaden	217	373	243	351	298	567	592	136	368	465	57	206	519	239	709	39	283	500	543	379	94	144	638	162	382	429	608			484	361	162	221
Stuttgart	480	165	244			607	624	362	513	608	163	403		436	860	182	179	280	690	530	103	76	785	360	162	209	755	218	190	400	270	221	
Saarbrücken	257	388	367	347	428	607	705	228	519	588	165	301	614	334	860	190	285	501	680	530	141	145	785	258	383	430	750	441		612	493		
Regensburg	578	133	160	458	131	225	546	470	497	649	298	540	760	573	847	322	412	230	683	539	329	368	778	492	366	323	747	180	102	123			
Passau	701	249	283	566	293	169	669	593	620	772	426	663	883	696	970	445	520	273	805	662	452	491	901	615	409	366	870		225				
Nürnberg	476	137	58	419	81	316	447	368		547	214	438	658	471	745	220		258	575	437	228	266	670	400	288	287	640	165					
München	628		240	382	263	156		558	577	729	363	628	823	643	927	372	412	93	757	619	333	304	852	567	229	186	822						
Lübeck	551	789	582	612	593	973	319	519	183	193	533	472	323	434	158	569		904	65	225	648	698	78	492	917	964							
Lindau	672	157	348	193	368	331	731	571	718	813	360	608	921	641	1065	387	177	171	918	739	312	285	994	569	43								
Konstanz	660	198	363	150	369	374	732	524	675	770	301	565	878	598	1022	344	136	214	871	692	265	238	947	522									
Köln	72	498	374	518	435	703	570	27	383	330	230	43	356	76	597	191	443	613		322	258	303	522										
Kiel	581	807	612	942	625	1003	344	549	213		567	502	353	464	78	599	874	922	95	255	678	734											
Kassel	322	441	246	516	273	620	381	267	149	270	206	244	354			180	454	556	320	160	263	319											
Karlsruhe	402	243	214	207	316	462	692	296	468	565	110	346	670	379	753	124	140	356	625	473	56												
Heidelberg	316	264	214	253	275	483	636		412	509	56	301	614	334	583	83	191	383	583	423													
Hannover	363	570		676	423	762	284	349	65	110	387		250	246	330	340	494	685	156														
Hamburg	486	712	517	836	530	908	285	454	172	120	558	407	258		170	494	755	850															
Garmisch-Part.	694	115		351	331	192	687	586	670	799	430	656	900	689	997	438	348																
Freiburg i. Br.	541	279	394	62	440	498	827	422	603	700	198	492	805	525	944	272																	
Frankfurt a. M.	256	323	199	334	260	528	554	171	329	426		218	531	251	670																		
Flensburg	656	882	687		700	1078	422	624	342	288	724	577	428	553																			
Essen	117	574	450	593	511	824	527	103	295	265	303	38	288																				
Emden	384	785	638	860	693	993	542	394	315	140	583	313																					
Düsseldorf	79	541	417	564	478	791	(571)	70	333	302	238																						
Darmstadt	273	323	323	309	312	527	570	183	356	476																							
Bremen	382	684	489	778	533	872	402	410	175																								
Braunschweig	412	532	337	675	358	736	232	402																									
Bonn	94	471	378	484	433	738	633																										
Berlin	644	586	404	879	368	724																											
Berchtesgaden	784	219	374	542	356																												
Bayreuth	516	218	61	513																													
Basel	597	332	486																														
Bamberg	455	195																															
Augsburg	579																																

BERLIN 571 km

Fragen Sie Ihren Partner / Ihre Partnerin nach den fehlenden Angaben. Notieren Sie die Antworten.

Redemittel:
B: Wie weit ist es von Düsseldorf nach Berlin? /
   Wie viele Kilometer (km) sind es von Düsseldorf nach Berlin?
A: (571) Kilometer (km).

Flensburg/Basel	=	km
Heidelberg/Bonn	=	km
Kassel/Essen	=	km
Köln/Hamburg	=	km
München/Berlin	=	km
Emden/Stuttgart	=	km
Saarbrücken/Nürnberg	=	km
München/Augsburg	=	km

Haben oder nicht haben

	Pedro	Carmen	Sie	Ihr Partner / Ihre Partnerin
Kraft		+		
morgen Unterricht		+		
Geschwister	+			
Telefon		−		
viel Zeit	−			
Durst		−		
Probleme	+			
Geld		−		
jetzt Hunger		+		
Kinder	−			
am Samstag frei	−			
Familie in Deutschland	+			

+ = Ja   − = Nein

Fragen Sie Ihren Partner / Ihre Partnerin.

> *Beispiel:* A: Hat Pedro Arbeit?
> B: Ja. / Nein (, er hat keine).
>
> *Dann erzählen Sie:* Pedro hat Arbeit, aber Carmen hat keine.
> *oder:* Pedro hat keine Arbeit, und Carmen auch nicht.
> *oder:* Pedro hat Arbeit, und Carmen auch.

Haben oder nicht haben

	Pedro	Carmen	Sie	Ihr Partner / Ihre Partnerin
Kraft	—			
morgen Unterricht	+			
Geschwister		—		
Telefon	+			
viel Zeit		—		
Durst	+			
Probleme		+		
Geld	+			
jetzt Hunger	—			
Kinder		—		
am Samstag frei		+		
Familie in Deutschland		+		

+ = Ja   — = Nein

Fragen Sie Ihren Partner / Ihre Partnerin.

> *Beispiel:* B: Hat Pedro Arbeit?
>   A: Ja. / Nein (, er hat keine).
>
> *Dann erzählen Sie:* Pedro hat Arbeit, aber Carmen hat keine.
>   *oder:* Pedro hat keine Arbeit, und Carmen auch nicht.
>   *oder:* Pedro hat Arbeit, und Carmen auch.

© Langenscheidt Verlag 2000. Vervielfältigung zu Unterrichtszwecken gestattet.

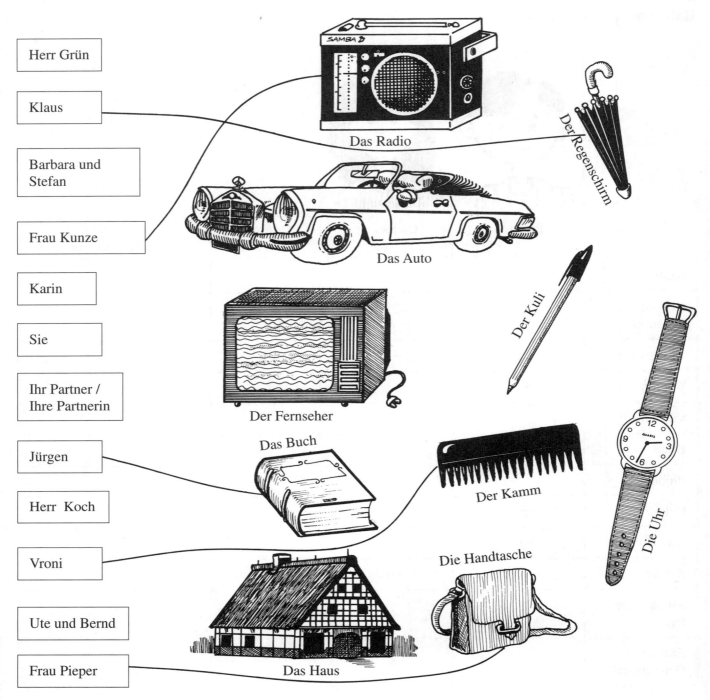

Herr Grün

Klaus

Barbara und Stefan

Frau Kunze

Karin

Sie

Ihr Partner / Ihre Partnerin

Jürgen

Herr Koch

Vroni

Ute und Bernd

Frau Pieper

Das Radio

Der Regenschirm

Das Auto

Der Kuli

Der Fernseher

Das Buch

Der Kamm

Die Uhr

Die Handtasche

Das Haus

Fragen Sie Ihren Partner / Ihre Partnerin, was Herr Grün, Barbara und Stefan, Karin, Herr Koch, Ute und Bernd und er/sie selbst brauchen.

Redemittel: A: Was braucht Karin? Wissen Sie, was Karin braucht?
B: Sie braucht ein/eine/einen … .

A: Was brauchen Sie?
B: Ich brauche dringend ein/eine/einen … und … .

Zeichnen Sie die Antworten ein.

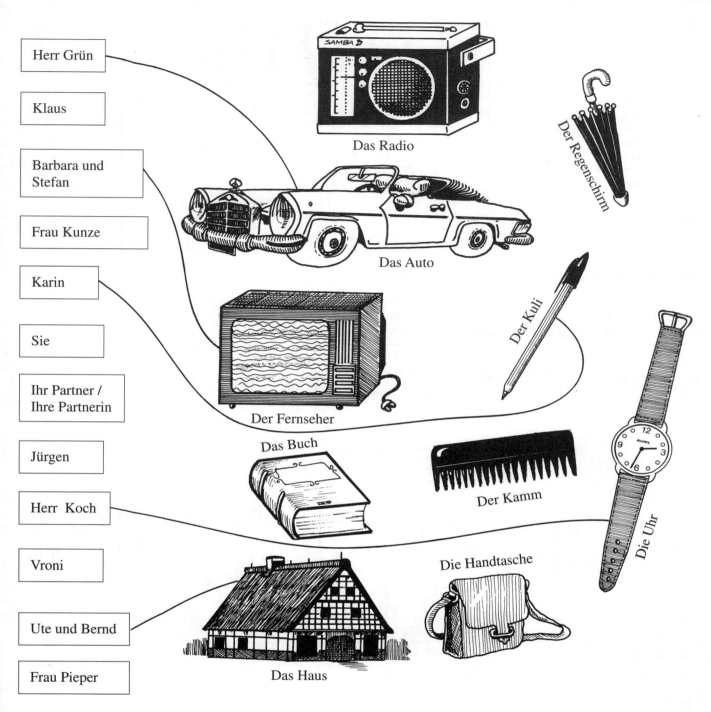

Herr Grün

Klaus

Barbara und Stefan

Frau Kunze

Karin

Sie

Ihr Partner / Ihre Partnerin

Jürgen

Herr Koch

Vroni

Ute und Bernd

Frau Pieper

Das Radio

Der Regenschirm

Das Auto

Der Kuli

Der Fernseher

Das Buch

Der Kamm

Die Uhr

Die Handtasche

Das Haus

Fragen Sie Ihren Partner / Ihre Partnerin, was Klaus, Frau Kunze, Jürgen, Vroni, Frau Piper und er/sie selbst brauchen.

Redemittel:	B: Was braucht Klaus? Wissen Sie, was Klaus braucht?
	A: Sie braucht ein/eine/einen … .
	B: Was brauchen Sie?
	A: Ich brauche dringend ein/eine/einen … und … .

Zeichnen Sie die Antworten ein.

© Langenscheidt Verlag 2000. Vervielfältigung zu Unterrichtszwecken gestattet.

Wohnungen ①

	Regale	Toiletten	Sofas	Türen	Lampen	Pflanzen	Betten	Schränke	Bilder	Teppiche	Radios	Fenster	Tische	Stühle	Zimmer
Die Wohnung von Herrn Fischer	2	1			5		3				2	8	2		
Die Wohnung von Frau Kleist			0	10		31		4	7	5				12	6
Ihre Wohnung															
Die Wohnung Ihres Partners / Ihrer Partnerin															

Fragen Sie Ihren Partner / Ihre Partnerin nach den restlichen Informationen.

Redemittel: Wie viele Zimmer hat die Wohnung von Herrn Fischer?
Wie viele Zimmer hat Ihre Wohnung?

Im Klassengespräch: Welche Wohnung hat mehr Zimmer? Die von …
Welche Wohnung hat die meisten Zimmer? usw.

Städte ②

	Einbrüche pro Jahr	Touristen pro Jahr	Unfälle pro Jahr	Regentage pro Jahr	Campingplätze	Freibäder	Krankenhäuser	Diskotheken	Kindergärten	Universitäten	Schulen	Parks	Hotels	Kinos	Kirchen
Seestadt		2750		120		6	4	9		0				13	
Waldstadt			226			1	1			1		13		8	23
Bergstadt	612	980	593		1			11	22		25		21		12
Ihre Stadt															

Fragen Sie Ihren Partner / Ihre Partnerin nach den restlichen Informationen.

Redemittel: Wie viele Kirchen gibt es in Seestadt?

A: Wissen Sie, wie viele Kirchen es in Ihrer Stadt gibt?
B: Ich glaube, so ungefähr … .

Im Klassengespräch: Wo gibt es mehr Kirchen, in Seestadt oder in Waldstadt?
Wo gibt es die meisten Kirchen? usw.

Wohnungen ①

	Regale	Toiletten	Sofas	Türen	Lampen	Pflanzen	Betten	Schränke	Bilder	Teppiche	Radios	Fenster	Tische	Stühle	Zimmer
Die Wohnung von Herrn Fischer			1	8		2			2	3	1			8	4
Die Wohnung von Frau Kleist	1	2			4	2					1	12	2		
Ihre Wohnung															
Die Wohnung Ihres Partners / Ihrer Partnerin															

Fragen Sie Ihren Partner / Ihre Partnerin nach den restlichen Informationen.

Redemittel: Wie viele Zimmer hat die Wohnung von Frau Kleist?
Wie viele Zimmer hat Ihre Wohnung?

Im Klassengespräch: Welche Wohnung hat mehr Zimmer? Die von ...
Welche Wohnung hat die meisten Zimmer? usw.

Städte ②

	Einbrüche pro Jahr	Touristen pro Jahr	Unfälle pro Jahr	Regentage pro Jahr	Campingplätze	Freibäder	Krankenhäuser	Diskotheken	Kindergärten	Universitäten	Schulen	Parks	Hotels	Kinos	Kirchen
Seestadt	320		480		2				17		14	17	11		19
Waldstadt	140	1230		93	1		3		4		10		5		
Bergstadt				106		4	7			2		9		23	
Ihre Stadt															

Fragen Sie Ihren Partner / Ihre Partnerin nach den restlichen Informationen.

Redemittel: Wie viele Kirchen gibt es in Waldstadt?

B: Wissen Sie, wie viele Kirchen es in Ihrer Stadt gibt?
A: Ich glaube, so ungefähr ... .

Im Klassengespräch: Wo gibt es mehr Kirchen, in Seestadt oder in Waldstadt?
Wo gibt es die meisten Kirchen? usw.

Was bedeuten all diese Abkürzungen?

1. Internationale Kfz-Kennzeichen

A	–
CH	– Schweiz
E	– Spanien
H	–
P	–
SF	– Finnland
TR	–
YU	– Jugoslawien
IRQ	– Irak
GB	–
MEX	– Mexiko
N	–
J	–
B	– Belgien

2. Kfz-Kennzeichen der
   Bundesrepublik Deutschland

M	–
LÖ	–
N	– Nürnberg
WE	–
GÖ	– Göttingen
TÜ	– Tübingen
JEV	–
DD	–
SÄK	– Säckingen
CUX	– Cuxhaven
B	– Berlin
HA	–
E	–
K	– Köln

3. Andere Abkürzungen

dpa	–
BRD	– Bundesrepublik Deutschland
Hbf	– Hauptbahnhof
Kfz	– Kraftfahrzeug
Pkw	–
SPD	–
CDU	– Christlich-Demokratische Union
SSV	– Sommerschlussverkauf
ZDF	–
BP	–
AG	– Aktiengesellschaft
EU	– Europäische Union
ADAC	–

usw.	– und so weiter
z.B.	–
d.h.	– das heißt
b.w.	–
ca.	–
z.Z.	– zur Zeit

Redemittel:

A: Was bedeutet <u>F</u>? / Was heißt … ?
B: Das bedeutet <u>Frankfurt</u>. / Das heißt … .

Was bedeuten all diese Abkürzungen?

1. Internationale Kfz-Kennzeichen

A	– Österreich
CH	–
E	–
H	– Ungarn
P	– Portugal
SF	–
TR	– Türkei
YU	–
IRQ	–
GB	– Großbritannien
MEX	–
N	– Norwegen
J	– Japan
B	–

2. Kfz-Kennzeichen der
   Bundesrepublik Deutschland

M	– München
LÖ	– Lörrach
N	–
WE	– Weimar
GÖ	–
TÜ	–
JEV	– Jever
DD	– Dresden
SÄK	–
CUX	–
B	–
HA	– Halle
E	– Essen
K	–

3. Andere Abkürzungen

dpa	– Deutsche Presseagentur
BRD	–
Hbf	–
Kfz	–
Pkw	– Personenkraftwagen
SPD	– Sozialdemokratische Partei Deutschlands
CDU	–
SSV	–
ZDF	– Zweites Deutsches Fernsehen
BP	– Bundespost
AG	–
EU	–
ADAC	– Allgemeiner Deutscher Automobilclub

usw. –

z. B. – zum Beispiel

d. h. –

b. w. – bitte wenden

ca.   – circa

z. Z. –

Redemittel:

A: Was bedeutet <u>F</u>? / Was heißt … ?
B: Das bedeutet <u>Frankfurt</u>. / Das heißt … .

**Aufstehen!
Es ist höchste Zeit!**

	Herr Fischer	Beate	Sie	Ihr Partner / Ihre Partnerin
aufstehen	🕠	🕐	🕐	🕐
frühstücken	🕐	🕗	🕐	🕐
das Haus verlassen	🕢	🕐	🕐	🕐
Arbeit (Schule) anfangen	🕛	🕐	🕐	🕐
zu Mittag essen	🕐	🕐	🕐	🕐
Feierabend (Schule) aus	🕐	🕕	🕐	🕐
zu Abend essen	🕐	🕘	🕐	🕐
ins Bett gehen	🕤	🕐	🕐	🕐

Fragen Sie Ihren Partner / Ihre Partnerin! Zeichnen Sie die Antworten in die leeren Uhren.

> *Beispiel:* B: Um wie viel Uhr steht Herr Fischer auf?
> A: Um halb sechs.

Aufstehen!
Es ist höchste Zeit!

	Herr Fischer	Beate	Sie	Ihr Partner / Ihre Partnerin
aufstehen				
frühstücken				
das Haus verlassen				
Arbeit (Schule) anfangen				
zu Mittag essen				
Feierabend (Schule) aus				
zu Abend essen				
ins Bett gehen				

Fragen Sie Ihren Partner / Ihre Partnerin! Zeichnen Sie die Antworten in die leeren Uhren.

Beispiel: A: Um wie viel Uhr steht Beate auf?
             B: Um Viertel nach sieben.

Fernsehen

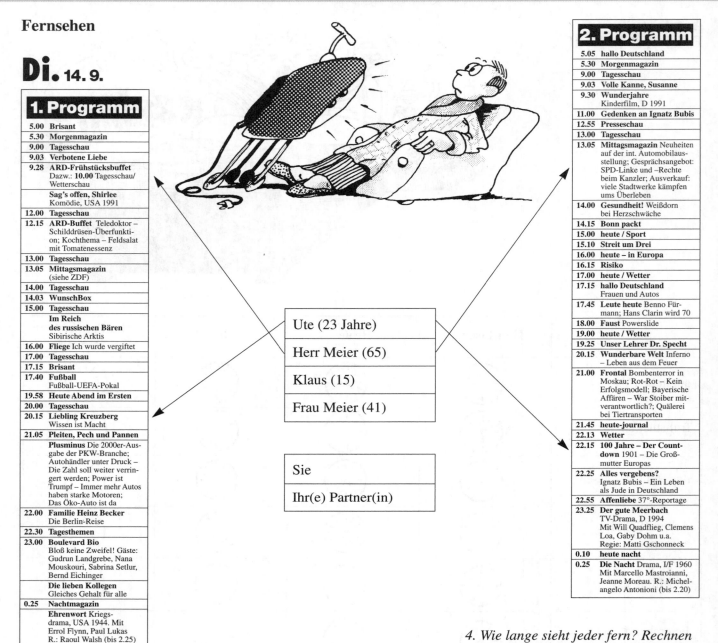

Di. 14. 9.

1. Programm

5.00	**Brisant**
5.30	**Morgenmagazin**
9.00	**Tagesschau**
9.03	**Verbotene Liebe**
9.28	**ARD-Frühstücksbuffet** Dazw.: **10.00** Tagesschau/ Wetterschau
	Sag's offen, Shirlee Komödie, USA 1991
12.00	**Tagesschau**
12.15	**ARD-Buffet** Teledoktor – Schilddrüsen-Überfunkti- on; Kochthema – Feldsalat mit Tomatenessenz
13.00	**Tagesschau**
13.05	**Mittagsmagazin** (siehe ZDF)
14.00	**Tagesschau**
14.03	**WunschBox**
15.00	**Tagesschau**
	Im Reich des russischen Bären Sibirische Arktis
16.00	**Fliege** Ich wurde vergiftet
17.00	**Tagesschau**
17.15	**Brisant**
17.40	**Fußball** Fußball-UEFA-Pokal
19.58	**Heute Abend im Ersten**
20.00	**Tagesschau**
20.15	**Liebling Kreuzberg** Wissen ist Macht
21.05	**Pleiten, Pech und Pannen**
	Plusminus Die 2000er-Aus- gabe der PKW-Branche; Autohändler unter Druck – Die Zahl soll weiter verrin- gert werden; Power ist Trumpf – Immer mehr Autos haben starke Motoren; Das Öko-Auto ist da
22.00	**Familie Heinz Becker** Die Berlin-Reise
22.30	**Tagesthemen**
23.00	**Boulevard Bio** Bloß keine Zweifel! Gäste: Gudrun Landgrebe, Nana Mouskouri, Sabrina Setlur, Bernd Eichinger
	Die lieben Kollegen Gleiches Gehalt für alle
0.25	**Nachtmagazin**
	Ehrenwort Kriegs- drama, USA 1944. Mit Errol Flynn, Paul Lukas R.: Raoul Walsh (bis 2.25)

2. Programm

5.05	**hallo Deutschland**
5.30	**Morgenmagazin**
9.00	**Tagesschau**
9.03	**Volle Kanne, Susanne**
9.30	**Wunderjahre** Kinderfilm, D 1991
11.00	**Gedenken an Ignatz Bubis**
12.55	**Presseschau**
13.00	**Tagesschau**
13.05	**Mittagsmagazin** Neuheiten auf der int. Automobilaus- stellung; Gesprächsangebot: SPD-Linke und –Rechte beim Kanzler; Ausverkauf: viele Stadtwerke kämpfen ums Überleben
14.00	**Gesundheit!** Weißdorn bei Herzschwäche
14.15	**Bonn packt**
15.00	**heute / Sport**
15.10	**Streit um Drei**
16.00	**heute – in Europa**
16.15	**Risiko**
17.00	**heute / Wetter**
17.15	**hallo Deutschland** Frauen und Autos
17.45	**Leute heute** Benno Für- mann; Hans Clarin wird 70
18.00	**Faust** Powerslide
19.00	**heute / Wetter**
19.25	**Unser Lehrer Dr. Specht**
20.15	**Wunderbare Welt** Inferno – Leben aus dem Feuer
21.00	**Frontal** Bombenterror in Moskau; Rot-Rot – Kein Erfolgsmodell; Bayerische Affären – War Stoiber mit- verantwortlich?; Quälerei bei Tiertransporten
21.45	**heute-journal**
22.13	**Wetter**
22.15	**100 Jahre – Der Count- down** 1901 – Die Groß- mutter Europas
22.25	**Alles vergebens?** Ignatz Bubis – Ein Leben als Jude in Deutschland
22.55	**Affenliebe** 37°-Reportage
23.25	**Der gute Meerbach** TV-Drama, D 1994 Mit Will Quadflieg, Clemens Loa, Gaby Dohm u.a. Regie: Matti Gschonneck
0.10	**heute nacht**
0.25	**Die Nacht** Drama, I/F 1960 Mit Marcello Mastroianni, Jeanne Moreau. R.: Michel- angelo Antonioni (bis 2.20)

Ute (23 Jahre)

Herr Meier (65)

Klaus (15)

Frau Meier (41)

Sie

Ihr(e) Partner(in)

1. Fragen Sie Ihren Partner / Ihre Partnerin nach den fehlenden Zeitangaben im 1. Programm.

> *Redemittel:* Um wie viel Uhr gibt es „Sag's offen, Shirlee"?

2. Jetzt fragen Sie, was Klaus und Frau Meier sehen möchten. Zeichnen Sie die Antworten ein.

> *Redemittel:* A: Was möchte Klaus sehen?
> B: Im ersten Programm um … Uhr …, und dann …

3. Jetzt kennzeichnen Sie die Sendungen, die Sie sehen möchten. Fragen Sie auch Ihren Partner / Ihre Partnerin und zeichnen Sie die Antworten ein.

4. Wie lange sieht jeder fern? Rechnen Sie das bitte aus und notieren Sie es.

Name	Stunden
Ute:	
Herr Meier:	
Klaus:	
Frau Meier:	
Sie:	
Ihr Partner / Ihre Partnerin	

Wer sieht am meisten fern?

Fernsehen

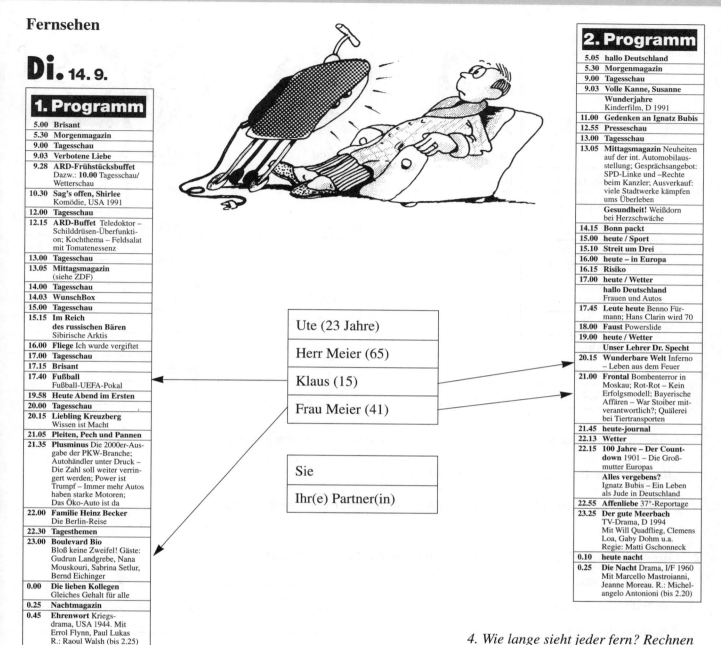

Di. 14. 9.

1. Programm

5.00	**Brisant**
5.30	**Morgenmagazin**
9.00	**Tagesschau**
9.03	**Verbotene Liebe**
9.28	**ARD-Frühstücksbuffet** Dazw.: **10.00** Tagesschau/ Wetterschau
10.30	**Sag's offen, Shirlee** Komödie, USA 1991
12.00	**Tagesschau**
12.15	**ARD-Buffet** Teledoktor – Schilddrüsen-Überfunkti- on; Kochthema – Feldsalat mit Tomatenessenz
13.00	**Tagesschau**
13.05	**Mittagsmagazin** (siehe ZDF)
14.00	**Tagesschau**
14.03	**WunschBox**
15.00	**Tagesschau**
15.15	**Im Reich des russischen Bären** Sibirische Arktis
16.00	**Fliege** Ich wurde vergiftet
17.00	**Tagesschau**
17.15	**Brisant**
17.40	**Fußball** Fußball-UEFA-Pokal
19.58	**Heute Abend im Ersten**
20.00	**Tagesschau**
20.15	**Liebling Kreuzberg** Wissen ist Macht
21.05	**Pleiten, Pech und Pannen**
21.35	**Plusminus** Die 2000er-Aus- gabe der PKW-Branche; Autohändler unter Druck – Die Zahl soll weiter verrin- gert werden; Power ist Trumpf – Immer mehr Autos haben starke Motoren; Das Öko-Auto ist da
22.00	**Familie Heinz Becker** Die Berlin-Reise
22.30	**Tagesthemen**
23.00	**Boulevard Bio** Bloß keine Zweifel! Gäste: Gudrun Landgrebe, Nana Mouskouri, Sabrina Setlur, Bernd Eichinger
0.00	**Die lieben Kollegen** Gleiches Gehalt für alle
0.25	**Nachtmagazin**
0.45	**Ehrenwort** Kriegs- drama, USA 1944. Mit Errol Flynn, Paul Lukas R.: Raoul Walsh (bis 2.25)

2. Programm

5.05	**hallo Deutschland**
5.30	**Morgenmagazin**
9.00	**Tagesschau**
9.03	**Volle Kanne, Susanne**
	Wunderjahre Kinderfilm, D 1991
11.00	**Gedenken an Ignatz Bubis**
12.55	**Presseschau**
13.00	**Tagesschau**
13.05	**Mittagsmagazin** Neuheiten auf der int. Automobilaus- stellung; Gesprächsangebot: SPD-Linke und –Rechte beim Kanzler; Ausverkauf: viele Stadtwerke kämpfen ums Überleben
	Gesundheit! Weißdorn bei Herzschwäche
14.15	**Bonn packt**
15.00	**heute / Sport**
15.10	**Streit um Drei**
16.00	**heute – in Europa**
16.15	**Risiko**
17.00	**heute / Wetter**
	hallo Deutschland Frauen und Autos
17.45	**Leute heute** Benno Für- mann; Hans Clarin wird 70
18.00	**Faust** Powerslide
19.00	**heute / Wetter**
	Unser Lehrer Dr. Specht
20.15	**Wunderbare Welt** Inferno – Leben aus dem Feuer
21.00	**Frontal** Bombenterror in Moskau; Rot-Rot – Kein Erfolgsmodell; Bayerische Affären – War Stoiber mit- verantwortlich?; Quälerei bei Tiertransporten
21.45	**heute-journal**
22.13	**Wetter**
22.15	**100 Jahre – Der Count- down** 1901 – Die Groß- mutter Europas
	Alles vergebens? Ignatz Bubis – Ein Leben als Jude in Deutschland
22.55	**Affenliebe** 37°-Reportage
23.25	**Der gute Meerbach** TV-Drama, D 1994 Mit Will Quadflieg, Clemens Loa, Gaby Dohm u.a. Regie: Matti Gschonneck
0.10	**heute nacht**
0.25	**Die Nacht** Drama, I/F 1960 Mit Marcello Mastroianni, Jeanne Moreau. R.: Michel- angelo Antonioni (bis 2.20)

Ute (23 Jahre)

Herr Meier (65)

Klaus (15)

Frau Meier (41)

Sie

Ihr(e) Partner(in)

1. Fragen Sie Ihren Partner / Ihre Partnerin nach den fehlenden Zeitangaben im 2. Programm.

Redemittel: Um wie viel Uhr gibt es „Unser Lehrer Dr. Specht"?

2. Jetzt fragen Sie, was Ute und Herr Meier sehen möchten. Zeichnen Sie die Antworten ein.

Redemittel: B: Was möchte Ute sehen?
A: Im ersten Programm um … Uhr …, und dann …

3. Jetzt kennzeichnen Sie die Sendungen, die Sie sehen möchten. Fragen Sie auch Ihren Partner / Ihre Partnerin und zeichnen Sie die Antworten ein.

4. Wie lange sieht jeder fern? Rechnen Sie das bitte aus und notieren Sie es.

Name	Stunden
Ute:	
Herr Meier:	
Klaus:	
Frau Meier:	
Sie:	
Ihr Partner / Ihre Partnerin	

Wer sieht am meisten fern?

		Brigitte	Manfred	Iris und Jens
Vater:	Name	Rolf Kunze	Karl Fischer	
	Alter	65		47
	Beruf		Grafiker	Bankkaufmann
Mutter:	Name	Inge Kunze		
	Alter		53	
	Beruf		Ministerin	Ärztin
Onkel:	Name		Heinz Kleist	
	Alter	58		
	Beruf			Optiker
	Wohnort	Bremen		Berlin

1. *Fragen Sie Ihren Partner / Ihre Partnerin nach den fehlenden Informationen.*

> *Beispiel:* Wie heißt der Vater von Iris und Jens?

Dann erzählen Sie der Klasse: „Das sind Iris und Jens! Ihr Vater heißt …" usw.

2. *Fragen Sie Ihren Partner / Ihre Partnerin und notieren Sie die Antworten.*

Wie heißt Ihr Vater? _____

Wie heißt Ihre Mutter? _____

Wie alt ist Ihr Vater? _____

Wie alt ist Ihre Mutter? _____

Was ist Ihr Vater von Beruf? _____

Was ist Ihre Mutter von Beruf? _____

Wo wohnen Ihre Eltern? _____

_____

_____

Fragen Sie weiter mit Bruder, Schwester, Sohn, Tochter, Freund(in), Frau, Mann *usw.*
Notieren Sie die Fragen und Antworten.

> *Beispiel:* Haben Sie einen Bruder? – (Ja.) – Wie heißt Ihr Bruder?

Dann erzählen Sie von Ihrem Partner / Ihrer Partnerin: „Ihr/Sein Vater heißt …" usw.

		Brigitte 	Manfred 	Iris und Jens 
Vater:	Name			Rüdiger Lang
	Alter		55	
	Beruf	Pilot		
Mutter:	Name		Helga Fischer	Veronika Lang
	Alter	60		47
	Beruf	Hausfrau		
Onkel:	Name	Kurt Becker		Niko Renner
	Alter		67	39
	Beruf	Lehrer	Fernfahrer	
	Wohnort		Hamburg	

1. *Fragen Sie Ihren Partner / Ihre Partnerin nach den fehlenden Informationen.*

> *Beispiel:* Wie heißt der Vater von Brigitte?

Dann erzählen Sie der Klasse: „Das ist Brigitte! Ihr Vater heißt …" usw.

2. *Fragen Sie Ihren Partner / Ihre Partnerin und notieren Sie die Antworten.*

Wie heißt Ihr Vater? _____

Wie heißt Ihre Mutter? _____

Wie alt ist Ihr Vater? _____

Wie alt ist Ihre Mutter? _____

Was ist Ihr Vater von Beruf? _____

Was ist Ihre Mutter von Beruf? _____

Wo wohnen Ihre Eltern? _____

_____   _____

_____   _____

Fragen Sie weiter mit Bruder, Schwester, Sohn, Tochter, Freund(in), Frau, Mann *usw.*
Notieren Sie die Fragen und Antworten.

> *Beispiel:* Haben Sie einen Bruder? – (Ja.) – Wie heißt Ihr Bruder?

Dann erzählen Sie von Ihrem Partner / Ihrer Partnerin: „Ihr/Sein Vater heißt …" usw.

© Langenscheidt Verlag 2000. Vervielfältigung zu Unterrichtszwecken gestattet.

Sie haben sich von Ihren Bekannten und Verwandten viele Sachen ausgeliehen. Jetzt wissen Sie nicht mehr so genau, wem was gehört.

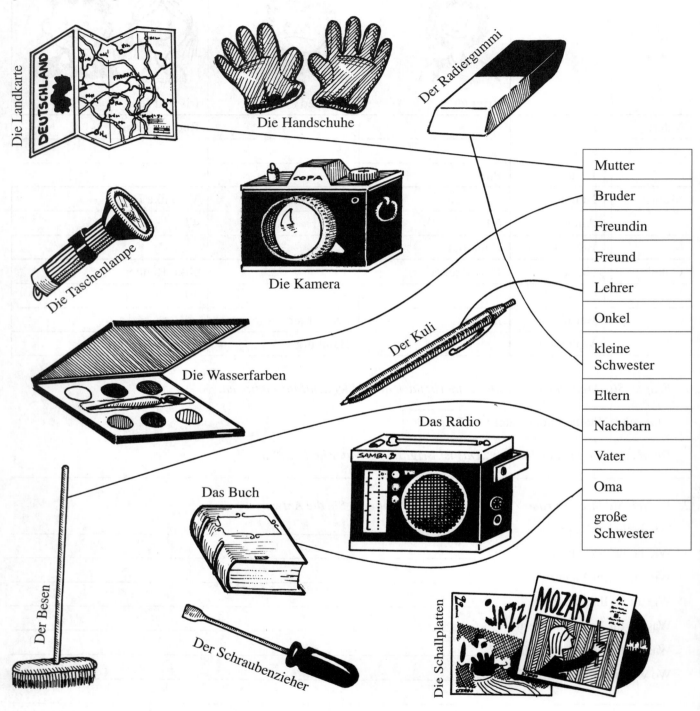

| Mutter |
| Bruder |
| Freundin |
| Freund |
| Lehrer |
| Onkel |
| kleine Schwester |
| Eltern |
| Nachbarn |
| Vater |
| Oma |
| große Schwester |

Die Landkarte · Die Handschuhe · Der Radiergummi · Die Taschenlampe · Die Kamera · Die Wasserfarben · Der Kuli · Das Radio · Der Besen · Das Buch · Der Schraubenzieher · Die Schallplatten

Fragen Sie Ihren Partner / Ihre Partnerin und zeichnen Sie die Antworten ein.

> *Beispiel:* B: Wem gehört die Landkarte?
> A: Die gehört meiner Mutter.
>
> B: Gehört die Landkarte deinem Bruder?
> A: Nein, die gehört meiner Mutter.

Sie haben sich von Ihren Bekannten und Verwandten viele Sachen ausgeliehen. Jetzt wissen Sie nicht mehr so genau, wem was gehört.

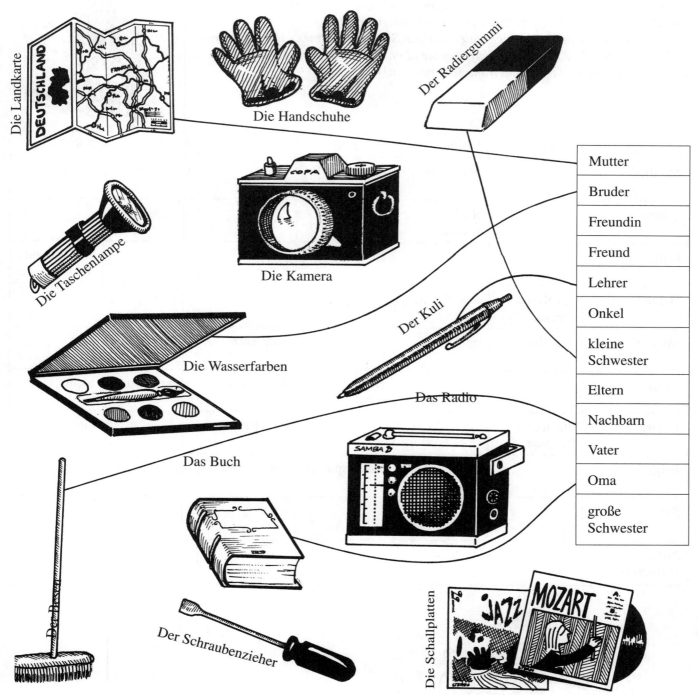

Die Landkarte • Die Handschuhe • Der Radiergummi • Die Taschenlampe • Die Kamera • Die Wasserfarben • Der Kuli • Das Radio • Das Buch • Der Besen • Der Schraubenzieher • Die Schallplatten

| Mutter |
| Bruder |
| Freundin |
| Freund |
| Lehrer |
| Onkel |
| kleine Schwester |
| Eltern |
| Nachbarn |
| Vater |
| Oma |
| große Schwester |

Fragen Sie Ihren Partner / Ihre Partnerin und zeichnen Sie die Antworten ein.

Beispiel: A: Wem gehört die Taschenlampe?
B: Die gehört meinem Freund.

A: Gehört die Taschenlampe deinem Bruder?
B: Nein, die gehört meinem Freund.

Wer schenkt wem was?

Weihnachten steht vor der Tür, und nun beginnt die große Einkauferei.
Sie möchten gern wissen, was ihre Freunde schenken werden.
Etwas wissen Sie schon, aber nicht alles. Fragen Sie Ihren Partner / Ihre Partnerin
und notieren Sie die Antworten. Schreiben Sie aber zuerst kurz, was Sie selbst
schenken werden. Viel Spaß und frohe Weihnachten!

	Eltern	Freund	Freundin	Schwester	Bruder	Nachbarn
Manfred		eine Platte	ein Foto-album		einen Kuli	Plätzchen
Sabine		Rasier-wasser				
Rolf			ein Kleid			eine Flasche Schnaps
Heinz	ein Kaffee-service	eine Kamera			Zigaretten	
Michael	ein Bild	ein Poster		eine Kette		
Antje			Hand-schuhe	Nagellack	einen Krimi	nichts
Reiner	einen Teppich			eine Bluse		eine Pflanze
Brigitte			einen Spiegel	ein Tagebuch	eine Flasche Schnaps	
Sie						
Ihr/e Partner/in						

> *Beispiel:*
>
> A: Weißt du, was Manfred
>   seinen Eltern schenkt?
> B: Ich glaube, er schenkt
>   ihnen ein Buch.

Wer schenkt wem was?

Weihnachten steht vor der Tür, und nun beginnt die große Einkauferei.
Sie möchten gern wissen, was ihre Freunde schenken werden.
Etwas wissen Sie schon, aber nicht alles. Fragen Sie Ihren Partner / Ihre Partnerin
und notieren Sie die Antworten. Schreiben Sie aber zuerst kurz, was Sie selbst
schenken werden. Viel Spaß und frohe Weihnachten!

	Eltern	Freund	Freundin	Schwester	Bruder	Nachbarn
Manfred	ein Buch			Wolle		
Sabine	eine Kaffee-maschine		einen Lippenstift	eine Jacke	ein Paar Schuhe	nichts
Rolf	einen Atlas	eine Pfeife		Schokolade	eine Mütze	
Heinz			Pralinen	Briefpapier		Kuchen
Michael			einen Schal		ein Hemd	Schokolade
Antje	eine Vase	ein Blitzlicht				
Reiner		eine Kinokarte	eine Handtasche		ein Feuerzeug	
Brigitte	eine Tischdecke	eine Uhr				Zigarren
Sie						
Ihr/e Partner/in						

Beispiel:

A: Weißt du, was Manfred
    seinen Eltern schenkt?
B: Ich glaube, er schenkt
    ihnen ein Buch.

	Dieter	Antje	Sie	Ihr Partner/ Ihre Partnerin
die Schule		gut		
die Bundesrepublik Deutschland		so lala		
Fußball	nicht so besonders			
diese Übung	toll			
das Fernseh-programm		phantastisch		
seine (ihre) Heimatstadt	toll			
seine (ihre) Wohnung		gut		
klassische Musik	schrecklich			
moderne Kunst	so lala			
die Filme von Doris Dörrie	unwahrscheinlich gut			
die Schuhe der Lehrerin / des Lehrers		überhaupt nicht gut		

1. Fragen Sie Ihren Partner/Ihre Partnerin
   und notieren Sie die Antworten.

Beispiel:
A: Wie findet Dieter die Schule?
B: Langweilig.

2. Notieren Sie jetzt, wie Sie die Schule, die Bundesrepublik Deutschland
   usw. finden. Dann fragen Sie Ihren Partner/Ihre Partnerin.

Beispiel:
A: Wie finden Sie die Schule?/
   Wie findest du die Schule?

phantastisch	+ +
unwahrscheinlich gut	+ +
spitze	+ +
toll	+ +
gut	+
etwas komisch	+ –
so lala	+ –
nicht so besonders	+ –
langweilig	–
blöd	–
überhaupt nicht gut	– –
schrecklich	– –

	Dieter	Antje	Sie	Ihr Partner / Ihre Partnerin
die Schule	langweilig			
die Bundesrepublik Deutschland	schrecklich			
Fußball		blöd		
diese Übung		überhaupt nicht gut		
das Fernseh- programm	schrecklich			
seine (ihre) Heimatstadt		langweilig		
seine (ihre) Wohnung	spitze			
klassische Musik		phantastisch		
moderne Kunst		nicht so besonders		
die Filme von Döris Dörrie		etwas komisch		
die Schuhe der Lehrerin / des Lehrers	etwas komisch			

*1. Fragen Sie Ihren Partner/Ihre Partnerin
   und notieren Sie die Antworten.*

> *Beispiel:*
> B: Wie findet Antje die Schule?
> A: Gut.

*2. Notieren Sie jetzt, wie Sie die Schule, die Bundesrepublik Deutschland
   usw. finden. Dann fragen Sie Ihren Partner/Ihre Partnerin.*

> *Beispiel:*
> B: Wie finden Sie die Schule?/
>   Wie findest du die Schule?

phantastisch	+ +
unwahrscheinlich gut	+ +
spitze	+ +
toll	+ +
gut	+
etwas komisch	+ −
so lala	+ −
nicht so besonders	+ −
langweilig	−
blöd	−
überhaupt nicht gut	− −
schrecklich	− −

Geschmackssache

Schreiben Sie zuerst unter A, wie Sie diese Personen finden.
Fragen Sie dann Ihren Partner/Ihre Partnerin.
Notieren Sie die Antworten unter B.

sehr attraktiv	+ +
wirklich nett	+ +
süß	+
sympathisch	+
verrückt	+ −
nicht so besonders	+ −
doof	−
blöd	−
unmöglich	− −
schrecklich	− −
total bescheuert	− −

Redemittel:

A: Was halten Sie von Maria/Michael?
   Wie finden Sie Maria/Michael?
B: Ich finde sie/ihn ... .
   Die/Den finde ich ... .

Frau Fischer

Wolfgang

Brigitte

Michael

A _____

B _____

Maria

Herr Koch

Ursula

Toni

A _____

B _____

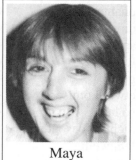

Maya

Peter

Lehrer/in

?

A _____

B _____

Geschmackssache

Schreiben Sie zuerst unter B, wie Sie diese Personen finden.
Fragen Sie dann Ihren Partner / Ihre Partnerin.
Notieren Sie die Antworten unter A.

sehr attraktiv	+ +
wirklich nett	+ +
süß	+
sympathisch	+
verrückt	+ –
nicht so besonders	+ –
doof	–
blöd	–
unmöglich	– –
schrecklich	– –
total bescheuert	– –

Redemittel:

A: Was halten Sie von Maria / Michael?
   Wie finden Sie Maria / Michael?
B: Ich finde sie/ihn … .
   Die / Den finde ich … .

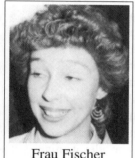
Frau Fischer

Wolfgang

Brigitte

Michael

B _____ _____ _____ _____

A _____ _____ _____ _____

Maria

Herr Koch

Ursula

Toni

B _____ _____ _____ _____

A _____ _____ _____ _____

Maya

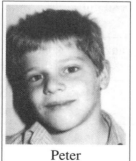
Peter

Lehrer / in

?

B _____ _____ _____ _____

A _____ _____ _____ _____

Tja!
Was ich alles kann!
Golf spielen, singen,
Auto fahren, reiten,
schwimmen,
Tennis spielen,
Tango tanzen
und surfen!

Angeber!

sehr gut ++
phantastisch ++
ausgezeichnet ++
ganz toll ++
einmalig ++
dufte +
toll +
gut +
einigermaßen + −
mehr oder weniger gut + −
nicht so besonders gut + −
nicht so gut −
ein bisschen −
kaum −
kein bisschen − −
überhaupt nicht − −

Sie wollen wissen, was Ihre Freunde so alles können. Etwas wissen Sie schon, aber nicht alles. Fragen Sie Ihren Partner/Ihre Partnerin. Notieren Sie die Antworten. Schreiben Sie aber zuerst, was Sie so alles können.

> *Redemittel:* Kann Frau Meier kochen?
> Weißt du, ob Frau Meier kochen kann?
> Können Sie tanzen?

Erzählen Sie der Klasse, was Sie über die Personen und Ihren Partner/ Ihre Partnerin wissen.

	Klaus, 18 Jahre	Antje, 19, und Werner, 23 Jahre	Brigitte, 16 Jahre	Frau Meier, 46 Jahre	Sie	Ihr Partner/ Ihre Partnerin
singen	einigermaßen		kein bisschen			
kochen	nur Spiegeleier	ja, ausgezeichnet				
tanzen		ja, ganz toll		nicht mehr so gut		
schwimmen	ja, wie ein Fisch		nicht so gut			
zeichnen			ja, ganz toll	nein, überhaupt nicht		
Fußball spielen		Werner ja, aber Antje nicht		nein, überhaupt nicht		
stricken		beide überhaupt nicht		ja, ganz toll		
Fahrrad fahren	nein		ja			

Tja!
Was ich alles kann!
Golf spielen, singen,
Auto fahren, reiten,
schwimmen,
Tennis spielen,
Tango tanzen
und surfen!

Angeber!

*Sie wollen wissen, was Ihre Freunde so alles können. Etwas wissen Sie
schon, aber nicht alles. Fragen Sie Ihren Partner/Ihre Partnerin. Notieren
Sie die Antworten. Schreiben Sie aber zuerst, was Sie so alles können.*

Redemittel:	Kann Klaus kochen?
	Weißt du, ob Klaus kochen kann?
	Können Sie tanzen?

*Erzählen Sie der Klasse, was Sie über die Personen und Ihren Partner/
Ihre Partnerin wissen.*

sehr gut ++
phantastisch ++
ausgezeichnet ++
ganz toll ++
einmalig ++
dufte +
toll +
gut +
einigermaßen + −
mehr oder weniger gut + −
nicht so besonders gut + −
nicht so gut −
ein bisschen −
kaum −
kein bisschen − −
überhaupt nicht − −

	Klaus, 18 Jahre	Antje, 19, und Werner, 23 Jahre	Brigitte, 16 Jahre	Frau Meier, 46 Jahre	Sie	Ihr Partner / Ihre Partnerin
singen		ja, phantastisch		nicht so besonders gut		
kochen			kaum	ja, sogar sehr gut		
tanzen	ein bisschen		ja, dufte			
schwimmen		ja, sehr gut		einigermaßen		
zeichnen	ja, einmalig	mehr oder weniger gut				
Fußball spielen	ja, toll		ein bisschen			
stricken	ein bisschen		ja, gut			
Fahrrad fahren		einigermaßen		ja, sehr gut		

Sie wollen mit Ihrem Partner / Ihrer Partnerin ins Kino gehen.
Hier ist Ihr Terminkalender. Verabreden Sie sich. Notieren Sie,
an welchen Tagen und zu welchen Uhrzeiten Sie beide Zeit haben.

Benutzen Sie diese Formulierungen:

- Hast du am … um … Uhr Zeit?
- Können wir am … um … Uhr ins Kino gehen?
- Wie wär's mit … um … Uhr?
- Nein, da kann ich nicht. Da muss ich …
- Nein, da kann ich nicht. Da will ich …

	Montag	Dienstag	Mittwoch	Donnerstag	Freitag	Samstag	Sonntag
15.00 – 18.00	zur Ballett-gruppe		zum Fußball-training	zum Zahnarzt			
18.00 – 20.00		zum Englisch-unterricht			zum Fotokurs		
20.00 – 22.00	mit Sabine ins Kino				mit Robert treffen		

Sie wollen mit Ihrem Partner / Ihrer Partnerin ins Kino gehen.
Hier ist Ihr Terminkalender. Verabreden Sie sich. Notieren Sie,
an welchen Tagen und zu welchen Uhrzeiten Sie beide Zeit haben.

Benutzen Sie diese Formulierungen:

– Hast du am … um … Uhr Zeit?
– Können wir am … um … Uhr ins Kino gehen?
– Wie wär's mit … um … Uhr?
– Nein, da kann ich nicht. Da muss ich …
– Nein, da kann ich nicht. Da will ich …

	Montag	Dienstag	Mittwoch	Donnerstag	Freitag	Samstag	Sonntag
15.00 – 18.00		zur Demonstration gegen Atomkraft			zur Gymnastik	Tante Gerda besuchen	
18.00 – 20.00	zur Theatergruppe		zur Theatergruppe			zum Tanzkurs	Ausflug mit der Familie
20.00 – 22.00		zum Deutschunterricht		ins Rockkonzert			

*Freitag, 16.00 Uhr! Gleich haben wir die Arbeit hinter uns. Wochenende! Endlich! Was machen wir da? Jeder hat
so seine Pläne. Sie möchten jetzt erfahren, was Ihre Freunde so alles tun werden. Von einigen wissen Sie es schon,
aber nicht von allen. Fragen Sie Ihren Partner/Ihre Partnerin und zeichnen Sie die Antworten ein. Zeichnen Sie
aber zuerst ein, was Sie am Wochenende tun werden. Sie können dabei die leeren Kästchen ausfüllen.
Anschließendes Klassengespräch:
Wer ist aktiv? Wer ist passiv?*

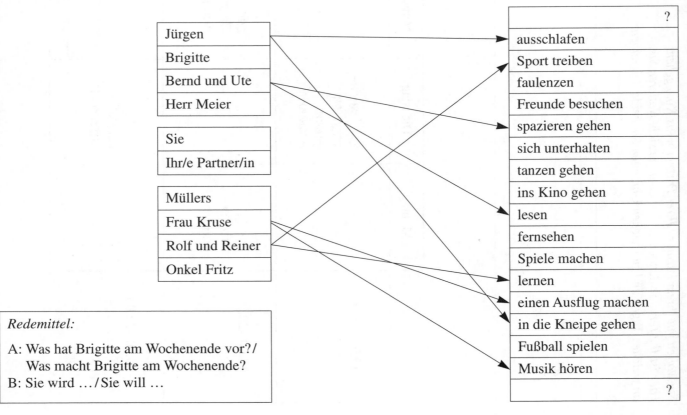

Jürgen
Brigitte
Bernd und Ute
Herr Meier

Sie
Ihr/e Partner/in

Müllers
Frau Kruse
Rolf und Reiner
Onkel Fritz

?
ausschlafen
Sport treiben
faulenzen
Freunde besuchen
spazieren gehen
sich unterhalten
tanzen gehen
ins Kino gehen
lesen
fernsehen
Spiele machen
lernen
einen Ausflug machen
in die Kneipe gehen
Fußball spielen
Musik hören
?

Redemittel:

A: Was hat Brigitte am Wochenende vor?/
   Was macht Brigitte am Wochenende?
B: Sie wird … / Sie will …

Freitag, 16.00 Uhr! Gleich haben wir die Arbeit hinter uns. Wochenende! Endlich! Was machen wir da? Jeder hat
so seine Pläne. Sie möchten jetzt erfahren, was Ihre Freunde so alles tun werden. Von einigen wissen Sie es schon,
aber nicht von allen. Fragen Sie Ihren Partner/Ihre Partnerin und zeichnen Sie die Antworten ein. Zeichnen Sie
aber zuerst ein, was Sie am Wochenende tun werden. Sie können dabei die leeren Kästchen ausfüllen.
Anschließendes Klassengespräch:
Wer ist aktiv? Wer ist passiv?

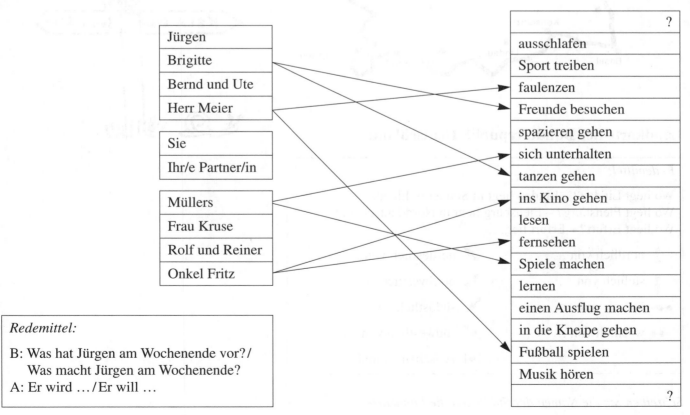

Jürgen
Brigitte
Bernd und Ute
Herr Meier

Sie
Ihr/e Partner/in

Müllers
Frau Kruse
Rolf und Reiner
Onkel Fritz

?
ausschlafen
Sport treiben
faulenzen
Freunde besuchen
spazieren gehen
sich unterhalten
tanzen gehen
ins Kino gehen
lesen
fernsehen
Spiele machen
lernen
einen Ausflug machen
in die Kneipe gehen
Fußball spielen
Musik hören
?

Redemittel:

B: Was hat Jürgen am Wochenende vor?/
   Was macht Jürgen am Wochenende?
A: Er wird .../Er will ...

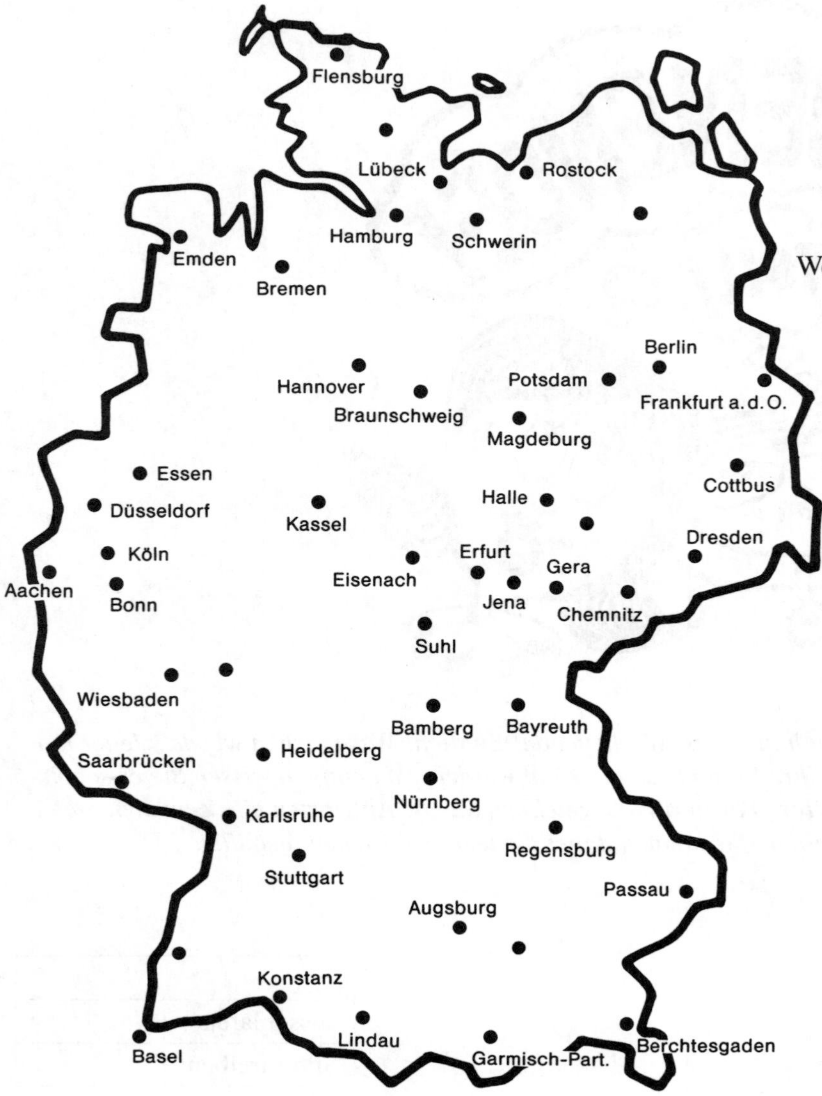

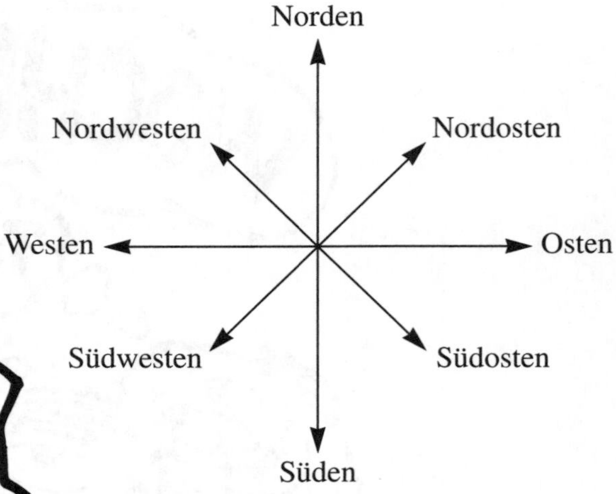

Landkarte der Bundesrepublik Deutschland

*Fragen Sie Ihren Partner / Ihre Partnerin,
wo die folgenden Städte liegen:*

– Freiburg
– Neubrandenburg
– Leipzig
– München
– Frankfurt a. M.

Redemittel:

Wo liegt Lindau? – Lindau liegt in Süddeutschland.
Wo liegt Flensburg? – Flensburg liegt in Norddeutschland.
Wo liegt Erfurt? – Erfurt liegt …

↑ nördlich von …		↗ nordöstlich von …	
↓ südlich von …		↖ nordwestlich von …	
→ östlich von …		↘ südöstlich von …	
← westlich von …		↙ südwestlich von …	
		|•| zwischen … und …	

Schreiben Sie die Namen der Städte auf die Landkarte.

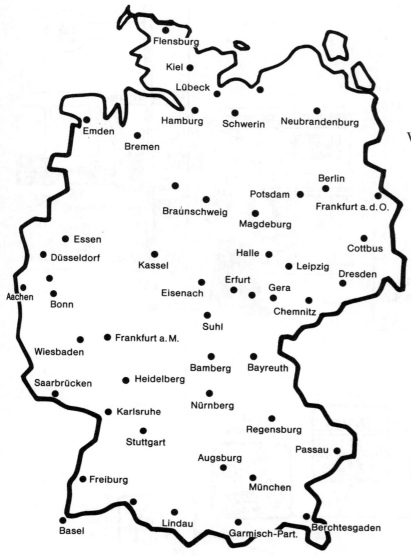

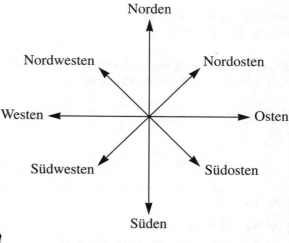

*Fragen Sie Ihren Partner / Ihre Partnerin,
wo die folgenden Städte liegen:*

- Köln
- Jena
- Hannover
- Rostock
- Konstanz

Landkarte der Bundesrepublik Deutschland

Redemittel:

Wo liegt Lindau? – Lindau liegt in Süddeutschland.
Wo liegt Flensburg? – Flensburg liegt in Norddeutschland.
Wo liegt Erfurt? – Erfurt liegt …

↑ nördlich von …		↗ nordöstlich von …	
↓ südlich von …		↖ nordwestlich von …	
⊷ östlich von …		↘ südöstlich von …	
⊶ westlich von …		↙ südwestlich von …	
	|•| zwischen … und …		

Schreiben Sie die Namen der Städte auf die Landkarte.

Wie fahren die Busse?

Sie sind fremd in der Stadt und wissen nicht so genau,
wie die Busse fahren.

Fragen Sie Ihren Partner/Ihre Partnerin, wie die Linien
1, 3, 5, 7 und 9 fahren. Zeichnen Sie die Antworten ein.

> *Redemittel:*
>
> A: Wie fährt die Linie 11?
> A: Wissen Sie, wie die Linie 11 fährt?
> A: Können Sie mir sagen, wie die Linie 11 fährt?
> B: Die fährt vom Krankenhaus zur Stadtbibliothek/
> von der Stadtbibliothek zum Krankenhaus.

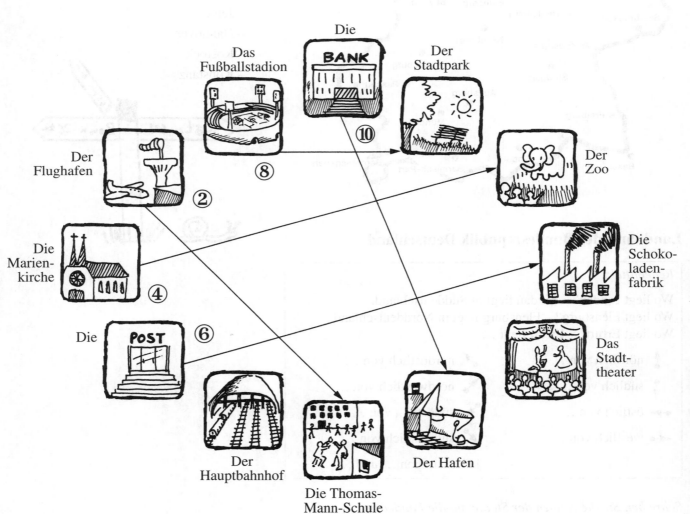

Wie fahren die Busse?

*Sie sind fremd in der Stadt und wissen nicht so genau,
wie die Busse fahren.*

*Fragen Sie Ihren Partner/Ihre Partnerin, wie die Linien
2, 4, 6, 8 und 10 fahren. Zeichnen Sie die Antworten ein.*

Redemittel:

A: Wie fährt die Linie 11?
A: Wissen Sie, wie die Linie 11 fährt?
A: Können Sie mir sagen, wie die Linie 11 fährt?
B: Die fährt vom Krankenhaus zur Stadtbibliothek/
   von der Stadtbibliothek zum Krankenhaus.

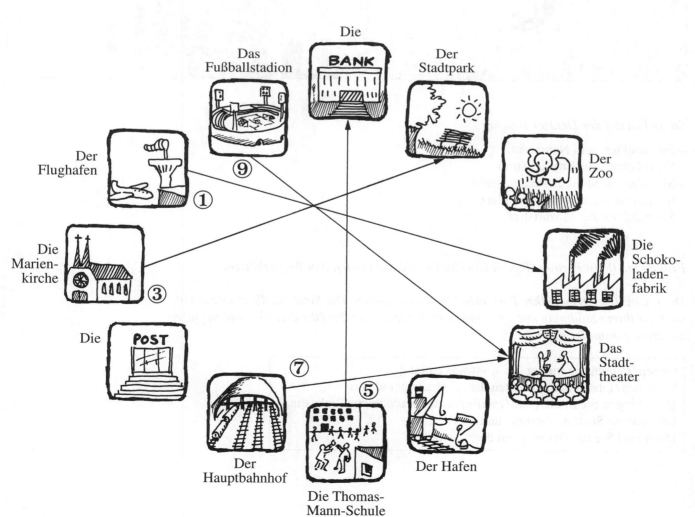

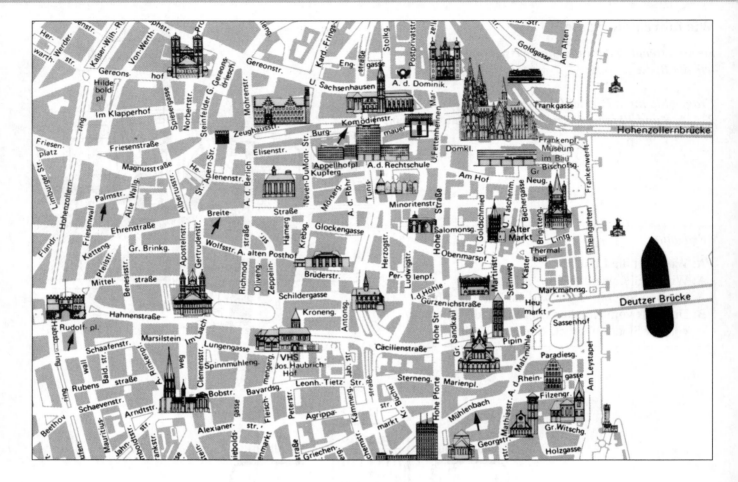

Sie stehen auf der Deutzer Brücke:

– Sie möchten zum Neumarkt.
– Sie möchten zur Brückenstraße.
– Sie möchten in die Bismarckstraße.
– Sie möchten zum Breslauer Platz.
– Sie möchten zur Mozartstraße.

Fragen Sie Ihren Partner/Ihre Partnerin. Er/Sie wird Ihnen den Weg erklären.

Dann wird Ihr Partner/Ihre Partnerin Sie einiges fragen. Die Straßen, die er/sie sucht, sind auf Ihrem Stadtplan mit „↗" markiert. Erklären Sie ihm/ihr den Weg und benutzen Sie diese Formulierungen:

Gehen/Fahren Sie immer die …-straße entlang.
Da gehen/fahren Sie am besten die …-straße geradeaus.
Dann biegen Sie in die erste/zweite/dritte Straße rechts/links ein.
Überqueren Sie die …-straße und … .
Dann sind Sie da. Das ist dann die …-straße.

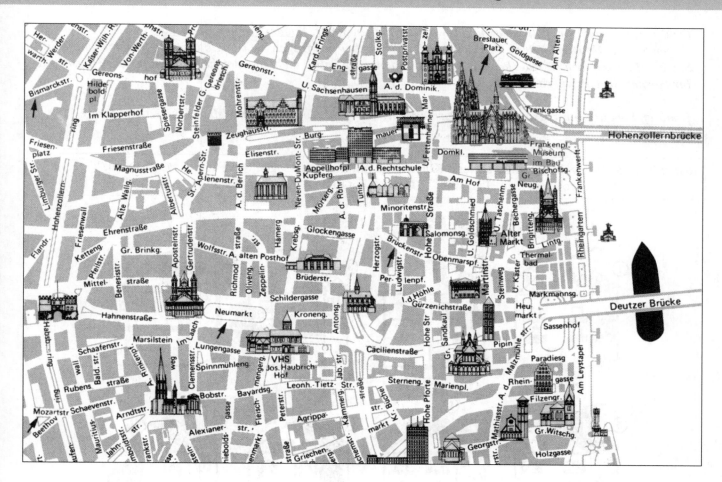

Ihr Partner/Ihre Partnerin fragt Sie einige Male nach dem Weg. Er/Sie steht auf der Deutzer Brücke.
Die Straßen, die er/sie sucht, sind auf Ihrem Stadtplan mit „↗" markiert.
Erklären Sie ihm/ihr den Weg und benutzen Sie diese Formulierungen:

> Gehen/Fahren Sie immer die …-straße entlang.
> Da gehen/fahren Sie am besten die …-straße geradeaus.
> Dann biegen Sie in die erste/zweite/dritte Straße rechts/links ein.
> Überqueren Sie die …-straße und … .
> Dann sind Sie da. Das ist dann die …-straße.

Jetzt fragen Sie Ihren Partner/Ihre Partnerin. Er/Sie wird Ihnen den Weg erklären.
Sie stehen auf der Deutzer Brücke.

– Sie möchten in die Breite Straße.
– Sie möchten zur Komödienstraße.
– Sie möchten zum Rudolfplatz.
– Sie möchten zum Mühlenbach.
– Sie möchten in die Palmstraße.

1. *Fragen Sie Ihren Partner/Ihre Partnerin, wo die Familien* Meier, Bauer, Fischer *und* Schulz *wohnen.*
Haben Sie das Haus gefunden? Vergewissern Sie sich lieber und fragen Sie ruhig öfter nach. Dann kennzeichnen Sie das Haus mit dem entsprechenden Namen. Achtung! Sie haben nicht die gleiche Reihenfolge der Häuser wie Ihr Partner/Ihre Partnerin.

2. *Erklären Sie auch Ihrem Partner/Ihrer Partnerin, wo die Familien Schneider, Weber, Schmidt und Kunze wohnen.*

Redemittel: A: Wo wohnt Familie Meier?/Können Sie mir vielleicht sagen, wo Familie Meier wohnt?
B: Die wohnt in dem Haus mit … ./Die wohnt in dem Haus, das links …/rechts … hat.

① Schneider ② Weber ③ ④

⑤ ⑥ ⑦ Schmidt ⑧ Kunze

⑨ ⑩ ⑪ ⑫

⑬ ⑭ ⑮ ⑯

1. Fragen Sie Ihren Partner/Ihre Partnerin, wo die Familien <u>Schneider</u>, <u>Weber</u>, <u>Schmidt</u> und <u>Kunze</u> wohnen. Haben Sie das Haus gefunden? Vergewissern Sie sich lieber und fragen Sie ruhig öfter nach. Dann kennzeichnen Sie das Haus mit dem entsprechenden Namen. Achtung! Sie haben nicht die gleiche Reihenfolge der Häuser wie Ihr Partner/Ihre Partnerin.

2. Erklären Sie auch Ihrem Partner/Ihrer Partnerin, wo die Familien Meier, Bauer, Fischer und Schulz wohnen.

Redemittel:	B: Wo wohnt Familie Weber?/Können Sie mir vielleicht sagen, wo Familie Weber wohnt?
	A: Die wohnt in dem Haus mit … /Die wohnt in dem Haus, das links … /rechts … hat.

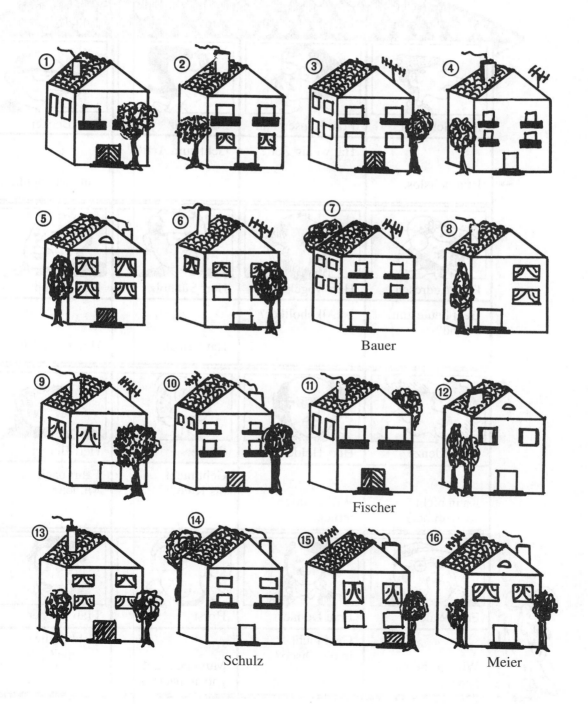

Sie sind ein sehr neugieriger Mensch. Das heißt, Sie möchten alles über andere Leute wissen. Vieles wissen Sie schon, aber nicht alles. Fragen Sie Ihren Partner/Ihre Partnerin und antworten Sie ihm/ihr. Er/Sie weiß auch nicht alles.

B: Warum hat Herr Schrader
  kein Geld?
A: Weil er arbeitslos ist. ➡

Herr Schrader	Frau Hansemann	Frau Lunz	Herr Becker
	Hat wenig Zeit?	Geht zum Arzt?	
➡ Ist arbeitslos.			Auto ist kaputt.
Frau Andresen	Herr Vogelsang	Herr Süßholz	Herr Klupp
Geht heute zum Strand?	Ist Alkoholiker?		
		Hat Urlaub.	Hat reiche Eltern.
Frau Klenze	Herr Holde	Günter	Herr Berger
		Geht nicht ins Kino?	Fährt nach München?
Kann nicht schwimmen.	Will Deutsch lernen.		
Frau Waldner	Frau Donner	Horst	Frau Becker
	Geht nicht in die Disco?		Geht in die Kneipe?
Will spazieren gehen.		Muss Hausaufgaben machen.	

Sie sind ein sehr neugieriger Mensch. Das heißt, Sie möchten alles über andere Leute wissen. Vieles wissen Sie schon, aber nicht alles. Fragen Sie Ihren Partner/Ihre Partnerin und antworten Sie ihm/ihr. Er/Sie weiß auch nicht alles.

A: Warum geht Frau Andresen
   heute zum Strand?
B: Weil schönes Wetter ist. →

Herr Schrader

Hat kein Geld?

Frau Hansemann

Hat drei Kinder.

Frau Lunz

Hat Kopf-
schmerzen.

Herr Becker

Fährt mit dem
Bus?

Frau Andresen

→ Ist schönes Wetter.

Herr Vogelsang

Hat Probleme.

Herr Süßholz

Hat gute Laune?

Herr Klupp

Ist Millionär?

Frau Klenze

Geht nicht
zum Strand?

Herr Holde

Geht zur
Schule?

Günter

Muss zu Haus
bleiben.

Herr Berger

Will seine
Familie besuchen.

Frau Waldner

Macht Urlaub
im Gebirge?

Frau Donner

Kann nicht tanzen.

Horst

Hat keine Zeit?

Frau Becher

Will Bier trinken.

Sommerreisen
Rhein
Rheinfahrt
Fahrplan

15	1	19	71	23	11	
	Schnellfahrt		Tragflügelboot		(Schaufelraddampfer)	**4. Juni bis 1. Juli**
	Strecke Koln-Koblenz zuschlagfrei	nicht Fr	nicht Fr		nur So	**Täglich**
7.00		8.30	9.00	10.00	11.00	ab **Köln** ←
		9.15		10.45		Porz
		9.53		11.23		Wesseling
7.20	9.15	11.00	9.40	12.30	13.30	**Bonn**
7.25	9.20	11.05		12.35	13.35	**Bonn-Gronau**
7.50	9.50	11.30		13.00	14.00	**Bn-Bad Godesberg**
8.05	10.03	11.55	9.55	13.25	14.25	**Königswinter**
8.25	10.20	12.15		13.45	14.45	**Bad Honnef**
8.45	10.35	12.35		14.05	15.05	**Unkel**
9.00	10.50	12.50	10.10		15.22	**Remagen**
9.17	11.05		10.15	14.37	15.37	**Linz**
9.45	11.30	13.35	10.25	15.05		**Bad Breisig**
9.50	11.35	13.40		15.10		**Bad Hönningen**
10.32	12.15	14.22		15.50		**Andernach**
10.52	12.35	14.40				**Neuwied**
12.15			11.00		9	an **Koblenz**
12.30	14.00		11.05		14.30	ab **Koblenz**
12.54					14.54	**Niederlahnstein**
13.03					15.03	**Oberlahnstein**
13.23	14.45				15.23	**Braubach**
14.05	15.25		11.30		16.05	**Boppard**
14.15					16.15	**Kamp-Bornhofen**
14.25					16.25	**Bad Salzig**
15.05	16.25				17.05	**St. Goarshausen**
15.15	16.30				17.15	**St. Goar**
15.40					17.40	**Oberwesel**
15.57					17.57	**Kaub**
16.15	17.25		12.08			**Bacharach**
16.27					18.27	**Lorch**
16.32					18.32	**Niederheimbach**
17.10	18.10				19.10	**Assmannshausen**
17.35	18.35		12.28		19.35	**Bingen**
17.50	18.50		12.33		19.50	**Rüdesheim**
18.50	19.50					**Eltville**
19.35	20.35		13.00			**Wiesbaden-Biebr.**
20.00	21.00		13.10			an **Mainz**
						ab **Mainz**
						Rüsselsheim
						Frankfurt-Höchst
						an **Frankfurt (M)**

Rheinaufwärts

(Schaufelraddampfer) = Schaufelraddampfer
Tragflügelboot: Platzreservierung erbeten

Abendfahrt mit Musik und Tanz

Sie sind in Köln und wollen eine Rheinfahrt unternehmen. Sie wissen noch nicht, welches Schiff Sie nehmen werden.
Überlegen Sie es sich mit Ihrem Partner/Ihrer Partnerin.

Redemittel: A: Um wie viel Uhr sind wir in Koblenz, wenn wir das Schiff um 9.00 Uhr nehmen?/... , wenn wir um 9.00 Uhr in Köln losfahren?
B: Wenn wir das Schiff um 9.00 Uhr nehmen, dann sind wir um 11.00 Uhr in Koblenz.

Rhein Sommerreisen

Rheinfahrt
Fahrplan

Rheinaufwärts

15	1 Schnellfahrt — Strecke Köln-Koblenz zuschlagfrei	19 nicht Fr	71 Tragflügelboot — nicht Fr	23	11 ⚓ nur So	4. Juni bis 1. Juli — Täglich
	7.00	8.30	9.00	10.00	11.00	ab **Köln** ←
		9.15		10.45		Porz
		9.53		11.23		Wesseling
7.20	9.15	11.00	9.40	12.30	13.30	**Bonn**
7.25	9.20	11.05			13.35	Bonn-Gronau
7.50	9.50	11.30		13.00	14.00	Bn-Bad Godesberg
8.05	10.03	11.55	9.55	13.25	14.25	Königswinter
8.25	10.20	12.15		13.45	14.45	Bad Honnef
8.45	10.35	12.35		14.05	15.05	Unkel
9.00	10.50	12.50	10.10	14.20	15.22	Remagen
9.17	11.05	13.07	10.15	14.37	15.37	Linz
9.45	11.30	13.35	10.25	15.05		Bad Breisig
9.50	11.35	13.40		15.10		Bad Hönningen
10.32	12.15			15.50		Andernach
10.52	12.35	14.40				Neuwied
12.15	13.55		11.00		9	an **Koblenz**
12.30	14.00		11.05	14.30		ab
12.54				14.54		Niederlahnstein
13.03				15.03		Oberlahnstein
13.23	14.45			15.23		Braubach
14.05	15.25			16.05		Boppard
14.15				16.15		Kamp-Bornhofen
14.25				16.25		Bad Salzig
15.05	16.25			17.05		St. Goarshausen
15.15	16.30		11.50	17.15		St. Goar
15.40				17.40		Oberwesel
15.57				17.57		Kaub
16.15	17.25		12.08	18.15		Bacharach
16.27				18.27		Lorch
16.32				18.32		Niederheimbach
17.10	18.10			19.10		Assmannshausen
17.35	18.35		12.28			**Bingen**
17.50	18.50		12.33	19.50		Rüdesheim
18.50	19.50					Eltville
19.35	20.35		13.00			Wiesbaden-Biebr.
20.00			13.10			an **Mainz**
						ab
						Rüsselsheim
						Frankfurt-Höchst
						an Frankfurt (M)

⚓ = Schaufelraddampfer

Tragflügelboot: Platzreservierung erbeten

Abendfahrt mit Musik und Tanz

Sie sind in Köln und wollen eine Rheinfahrt unternehmen. Sie wissen noch nicht, welches Schiff Sie nehmen werden.
Überlegen Sie es sich mit Ihrem Partner/ Ihrer Partnerin.

Redemittel: A: Um wie viel Uhr sind wir in Koblenz, wenn wir das Schiff um 9.00 Uhr nehmen?/ ... , wenn wir um 9.00 Uhr in Köln losfahren?
B: Wenn wir das Schiff um 9.00 Uhr nehmen, dann sind wir um 11.00 Uhr in Koblenz.

Fragen Sie Ihren Partner/Ihre Partnerin nach den fehlenden Informationen.
Notieren Sie die Antworten und geben Sie Ihrem Partner/Ihrer Partnerin Informationen.

Beispiel:

B: Was macht Frau Sonnenblume, wenn sie Zeit hat?
A: Dann geht sie tanzen. ➜
oder:
B: Was macht Herr Mittelschuh, wenn er betrunken ist?
A: Dann trinkt er Milch. ➜

	Zeit	krank	aggressiv	Geld	betrunken
Herr Löwenherz		isst nichts			spricht indonesisch
Frau Sonnenblume	geht tanzen ➜	geht nicht arbeiten		geht ins Restaurant	
Frau Schulz			macht den Fernseher kaputt	kauft Bücher	
Herr Mittelschuh	schreibt Briefe	nimmt Tabletten			trinkt Milch ➜
Frau Wille			geht schlafen		singt wie Gilbert Bécaud
Herr Sandberg	wäscht Geschirr ab		fährt Auto	kauft Schallplatten	
Sie					
Ihr/e Partner/in					

Fragen Sie Ihren Partner/Ihre Partnerin nach den fehlenden Informationen.
Notieren Sie die Antworten und geben Sie Ihrem Partner/Ihrer Partnerin Informationen.

Beispiel:

A: Was macht Herr Löwenherz, wenn er Zeit hat?
B: Dann strickt er. ➜
oder:
A: Was macht Frau Sonnenblume, wenn sie betrunken ist?
B: Dann geht sie schwimmen. ➜

	Zeit	krank	aggressiv	Geld	betrunken
Herr Löwenherz	strickt ➜		spielt Fußball	fährt nach Indonesien	
Frau Sonnenblume			tanzt Rock'n Roll		geht schwimmen ➜
Frau Schulz	spielt Fußball	ruft den Arzt an			spielt Klavier
Herr Mittelschuh			weint	kauft einen Helikopter	
Frau Wille	geht in die Kirche	trinkt Tee		kauft eine Trompete	
Herr Sandberg		bleibt im Bett			schreibt Briefe
Sie					
Ihr/e Partner/in					

1. Möblieren Sie hier Ihre neue Wohnung. Zeichnen Sie die Gegenstände.

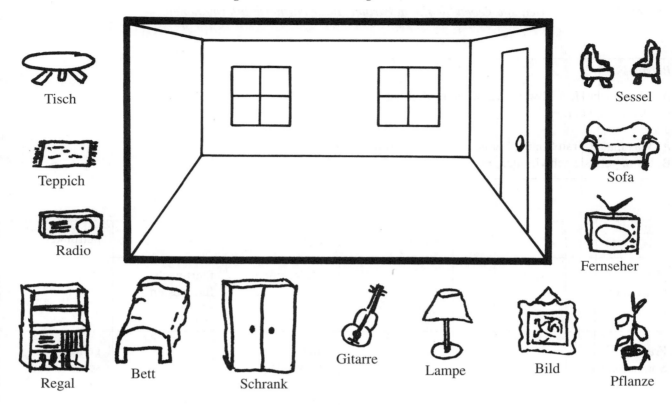

Tisch

Teppich

Radio

Sessel

Sofa

Fernseher

Regal

Bett

Schrank

Gitarre

Lampe

Bild

Pflanze

Dann beschreiben Sie Ihrem Partner/Ihrer Partnerin die Wohnung.

2. Fragen Sie Ihren Partner/Ihre Partnerin nach seiner/ihrer neuen Wohnung.

| *Redemittel:* | A: Wohin haben Sie das Bett gestellt? Wo steht das Bett? |
| | B: Ich habe es … gestellt./Es steht … |

Zeichnen Sie hier die Beschreibung Ihres Partners/Ihrer Partnerin. Dann vergleichen Sie die Zeichnungen. Stimmen sie überein?

1. Möblieren Sie hier Ihre neue Wohnung. Zeichnen Sie die Gegenstände.

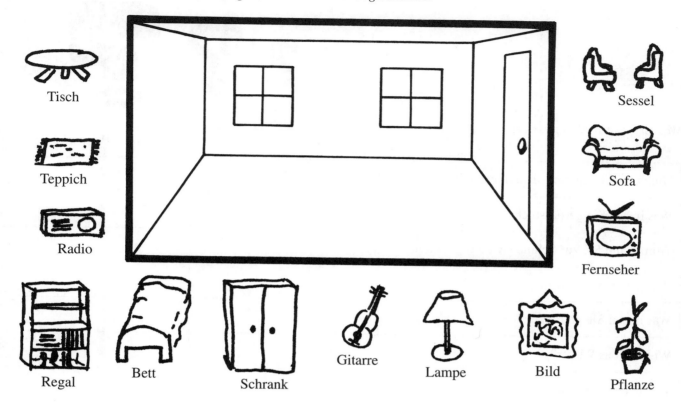

Tisch

Teppich

Radio

Regal

Bett

Schrank

Gitarre

Lampe

Bild

Pflanze

Sessel

Sofa

Fernseher

Dann beschreiben Sie Ihrem Partner/Ihrer Partnerin die Wohnung.

2. Fragen Sie Ihren Partner/Ihre Partnerin nach seiner/ihrer neuen Wohnung.

Redemittel: B: Wohin haben Sie das Bett gestellt? Wo steht das Bett?
A: Ich habe es … gestellt./Es steht …

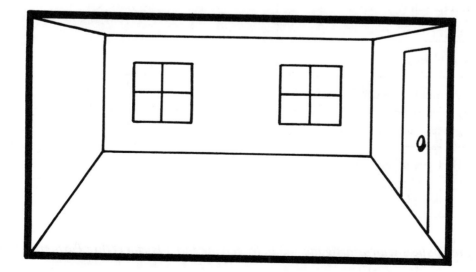

Zeichnen Sie hier die Beschreibung Ihres Partners/Ihrer Partnerin. Dann vergleichen Sie die Zeichnungen. Stimmen sie überein?

Was ist gestern alles passiert?

	Sie	Ihr/e Partner/in
Um wie viel Uhr sind sie aufgestanden?		
Was haben Sie gefrühstückt?		
Womit sind Sie zur Schule (Arbeit) gefahren?		
Was haben Sie zu Mittag gegessen?		
Was haben Sie getrunken?		
Wie war das Wetter?		
Was haben Sie gekauft?		
Wen haben Sie getroffen?		
Worüber haben Sie sich geärgert?		
Wem haben Sie weitergeholfen?		
Worüber haben Sie sich gefreut?		
Haben Sie etwas Interessantes gehört oder gelesen?		
Wo sind Sie um 18.00 Uhr gewesen?		
Was haben Sie am Abend gemacht?		
Was haben Sie vergessen zu tun?		
Wann sind Sie ins Bett gegangen?		
Was ist sonst noch passiert?		

Füllen Sie zuerst Ihre Spalte stichwortartig aus, dann fragen Sie Ihren Partner/Ihre Partnerin. Notieren Sie die Antworten.
Erzählen Sie jetzt der Klasse, was Ihr Partner/Ihre Partnerin alles getan hat.
Wer war aktiver? Sie oder Ihr Partner/Ihre Partnerin?

Was ist gestern alles passiert?

	Sie	Ihr/e Partner/in
Um wie viel Uhr sind sie aufgestanden?		
Was haben Sie gefrühstückt?		
Womit sind Sie zur Schule (Arbeit) gefahren?		
Was haben Sie zu Mittag gegessen?		
Was haben Sie getrunken?		
Wie war das Wetter?		
Was haben Sie gekauft?		
Wen haben Sie getroffen?		
Worüber haben Sie sich geärgert?		
Wem haben Sie weitergeholfen?		
Worüber haben Sie sich gefreut?		
Haben Sie etwas Interessantes gehört oder gelesen?		
Wo sind Sie um 18.00 Uhr gewesen?		
Was haben Sie am Abend gemacht?		
Was haben Sie vergessen zu tun?		
Wann sind Sie ins Bett gegangen?		
Was ist sonst noch passiert?		

Füllen Sie zuerst Ihre Spalte stichwortartig aus, dann fragen Sie Ihren Partner/Ihre Partnerin. Notieren Sie die Antworten.
Erzählen Sie jetzt der Klasse, was Ihr Partner/Ihre Partnerin alles getan hat.
Wer war aktiver? Sie oder Ihr Partner/Ihre Partnerin?

Benutzen Sie diese Formulierungen, wenn Sie fragen:

> – Können Sie mir (bitte) sagen, …?
> – Wissen Sie, …?
> – Ich möchte gerne wissen, …?
> – Ich wollte fragen, …?

---

1. *Sie stehen mit Ihrem Koffer auf dem Bahnhof von Rheine und wollen nach Köln.*
   Ihr Partner / Ihre Partnerin ist Beamter / Beamte. Sie fragen ihn/sie:

   Nächster Zug nach Köln? Wann?
   Heute noch mehr Züge?
   Um wie viel Uhr?
   Wo umsteigen?

---

2. *Sie arbeiten an der Universität und geben Informationen über Wohnungen für Studenten.*
   Ihr Partner / Ihre Partnerin ist ein/e Student/in, der/die Informationen möchte. Sie antworten:

   Erst im Juli.
   250 Mark.
   Nein, Heizung ist extra.
   Das kann ich Ihnen nicht sagen.

---

3. *Sie haben sich mit einem Freund am Eingang eines Kinos verabredet, aber Sie sind zu spät gekommen.*
   Ihr Partner / Ihre Partnerin arbeitet an der Kasse des Kinos. Sie fragen ihn/sie:

   Film schon angefangen?
   Großer blonder Mann nach mir gefragt?
   Für zwei Minuten reingehen, ohne zu bezahlen?
   Wann Film zu Ende?

---

4. *Sie arbeiten am Hauptbahnhof Dresden beim Informationspersonal. Ein Herr/Eine Dame kommt und*
   möchte Informationen. Ihr Partner / Ihre Partnerin ist der Herr/die Dame. Sie antworten:

   Vor 30 Minuten.
   Viele Frauen mit Koffer ausgestiegen.
   Ja, noch drei.
   17 Uhr 28.

Benutzen Sie diese Formulierungen, wenn Sie fragen:

> – Können Sie mir (bitte) sagen, …?
> – Wissen Sie, …?
> – Ich möchte gerne wissen, …?
> – Ich wollte fragen, …?

---

1. Sie arbeiten auf dem Bahnhof von Rheine und geben Informationen über Züge, Fahrpläne usw.
Ihr Partner/Ihre Partnerin ist ein Reisender/eine Reisende, der/die Informationen möchte. Sie antworten:

In dieser Minute.
Ja, aber nicht direkt.
22 Uhr 36.
In Münster.

---

2. Sie sind Student/in und möchten an der Universität Informationen über Wohnungen für Studenten haben.
Ihr Partner/Ihre Partnerin arbeitet dort und gibt Ihnen Informationen. Sie fragen:

Zimmer im Studentenheim noch frei?
Wie teuer pro Monat?
Heizung inklusive?
Warum Heizung nicht inklusive?

---

3. Sie arbeiten an der Kasse eines Kinos. Jemand kommt und stellt Ihnen Fragen.
Sie antworten Ihrem Partner/Ihrer Partnerin:

Ja, vor 25 Minuten.
Nein.
Nein, natürlich nicht.
21 Uhr.

---

4. Sie wollen auf dem Hauptbahnhof Dresden Ihre Tante aus Zwickau abholen.
Sie sind aber zu spät gekommen, und Ihre Tante ist nicht da. Ihr Partner/Ihre Partnerin ist Beamter/Beamte.
Sie fragen ihn/sie:

Letzter Zug aus Zwickau angekommen? Wann?
Frau mit braunem Koffer ausgestiegen?
Heute noch mehr Züge aus Zwickau?
Um wie viel Uhr der nächste?

Über Fußball sprechen

Fußball

Scholl

Niederlage

Elfmeter verschossen

Erneuter Erfolg des 1. FC Nürnberg

Glücklicher Sieg in einer hochdramatischen Partie

Bundesliga im Spiegelbild

Bierhoff

① Der zehnte Spieltag ②

Hamburger SV – Bayer Uerdingen	1:1 (0:0)
– 1. FC Köln	1:4 (0:2)
Fortuna Düsseldorf – VfB Stuttgart	2:2 (2:2)
SVW Mannheim – Borussia Dortmund	1:2 (0:1)
– 1. FC Kaiserslautern	0:0
Bayer Leverkusen – Eintr. Braunschweig	0:0
VfL Bochum – Arminia Bielefeld	1:1 (0:0)
Mönchengladbach – Werder Bremen	0:0
Schalke 04 –	1:1 (0:1)

③

	Verein	Sp.	g.	u.	v.	Tore	Punkte
1 (1)	Bayern München	10	8	1	1	24:10	17:3
2 (2)	Mönchengladbach	10	4	4	2	30:19	12:8
3 (3)	VfL Bochum	10	4	4	2	26:19	12:
4 (5)		10	3	5	2	17:15	11:
5 (6)	Hamburger SV	10	3	5	2	16:15	11:9
6 (7)		10		4		22:10	10:8
7 (13)	1. FC Köln	10	4	2		:15	10:10
8 (10)	VfB Stuttgart	10	4	2		26:17	10:10
9 (11)	Bayer Uerdingen	10	3	4	2	21:17	10:10
10 (4)	Bayer Leverkusen	10	3	4	3	18:19	10:10
11 (12)	Karlsruher SC	10	3	4		16:18	10:10
12 (8)	Eintracht Frankfurt	10	3	3		:24	9:9
13 (9)	SVW Mannheim	10	2	3		18:19	9:11
14 (14)	Schalke 04	10	2	3	4	:26	7:13
15 (15)	Fortuna Düsseldorf	10	1	5		11:	7:13
16 (16)	Arminia Bielefeld	10	3	0	7	12:20	6:
17 (17)		10	3	3		17:31	:14
18 (18)	Eintr. Braunschweig						

Über den Spalten: ④ ⑤ ⑥ ⑦ ⑧ ⑨ ⑩

Redemittel:

1. Wer hat gegen den Hamburger SV gespielt?
2. Wie hat der Hamburger SV gegen Bayer Uerdingen gespielt?
3. Wer ist auf dem ersten Platz?
4. Wie viele Spiele hat Bayern München gewonnen?
5. Wie viele Spiele hat Bayern München unentschieden gespielt?
6. Wie viele Spiele hat der Fußballverein Bayern München verloren?
7. Wie viele Tore hat er geschossen?
8. Wie viele Gegentore hat er?
9. Wie viele Pluspunkte hat er?
10. Wie viele Minuspunkte hat er?
11. Wie viele Zuschauer waren in Mönchengladbach?
12. Wer wird gegen den VfB-Stuttgart spielen?

Klassengespräch:

Wer hat am zehnten Spieltag gewonnen?
Wo gab es die meisten Zuschauer?
Wer hat seinen Platz verbessert?
Wer hat die meisten Spiele gewonnen?
Wer hat die meisten Spiele verloren?

Fortuna im Pech
Karlsruher SC — Fortuna Düsseldorf 1:0 (1:0)

⑫ Die nächsten Spiele

Freitag, 2. November, 20 Uhr
VfB Stuttgart – Eintracht Frankfurt
Bayer 05 Uerdingen – Borussia Mönchengladbach
Werder Bremen –
Samstag, 3. November, 15.30 Uhr
SV Waldhof Mannheim – Fortuna Düsseldorf (14.30 Uhr)
Arminia Bielefeld – Bayer 04 Leverkusen
– Karlsruher SC
Bayern München – Hamburger SV
Borussia Dortmund – 1. FC Kaiserslautern
1. FC Köln –

⑪ Zuschauer

Schalke	63 500
Frankfurt	35 000
Karlsruhe	26 900
Mönchengladbach	23 000
Bochum	
Hamburg	13 500
Mannheim	10 000
Düsseldorf	
Leverkusen	234 600

Torjäger

10 Tore: Allofs (Köln).
9 Tore: Fischer (Bochum).
7 Tore: Allofs (Kaiserslautern), Röber (Leverkusen), Mill (Mönchengladbach), Täuber (Schalke).
6 Tore: Reich (Bielefeld), Günther (Karlsruhe), Rahn, Criens (beide Mönchengladbach), Wohlfarth (München), Claesen (Stuttgart).

Über Fußball sprechen

Erneuter Erfolg des 1. FC Nürnberg

Glücklicher Sieg in einer hochdramatischen Partie

Elfmeter verschossen

Niederlage

Scholl

F u ß b a l l

Bundesliga im Spiegelbild

① Der zehnte Spieltag ②

Hamburger SV – Bayer Uerdingen	1:1 (0:0)
Eintracht Frankfurt – 1. FC Köln	◯ (0:2)
Fortuna Düsseldorf –	2:2 (2:2)
– Borussia Dortmund	1:2 (0:1)
Karlsruher SC – 1. FC Kaiserslautern	✕
Bayer Leverkusen – Eintr. Braunschweig	0:3 (0:0)
VfL Bochum –	1:1 (0:0)
Mönchengladbach – Werder Bremen	1:1 (0:0)
Schalke 04 – Bayern München	◯ (0:1)

③

Verein	Sp.	g.	u.	v.	Tore	Punkte
1 (1) Bayern München	10	8	1	1	24:10	17:3
2 (2)	10	8	4	2	30:19	:8
3 (3) Werder Bremen	10	4	4	2	26:19	12:8
4 (5) VfL Bochum	10	3	5	2	17:15	11:
5 (6) 1. FC Kaiserslautern	10	3	5		16:15	11:9
6 (7) Hamburger SV	10		5	3	22:20	:8
7 (13)	9	4	2	3	20:	10:
8 (10) VfB Stuttgart	10	4	2		21:17	10:10
9 (11) Bayer Uerdingen	10		4	4	:19	10:10
10 (4) Bayer Leverkusen	10	3	4	2	16:18	:10
11 (12) Karlsruher SC	10	3	4		20:24	10:10
12 (8) Eintracht Frankfurt	9	3	3		:12	9:9
13 (9) SVW Mannheim		3	3	3	18:	9:11
14 (14) Schalke 04	10		5	5	20:26	7:13
15 (15) Fortuna Düsseldorf	10	2	1	4	11:24	7:
16 (16)	10	1	0	7	12:20	6:14
17 (17) Borussia Dortmund	10	3	0	7	17:	6:14
18 (18) Eintr. Braunschweig						

⑪ Zuschauer

Schalke	63 500
Frankfurt	31 000
Karlsruhe	28 900
Mönchengladbach	
Bochum	17 500
Hamburg	13 500
Mannheim	
Düsseldorf	8 700
Leverkusen	234 600

Torjäger

10 Tore: Allofs (Köln).

9 Tore: Fischer (Bochum).

7 Tore: Allofs (Kaiserslautern), Röber (Leverkusen), Mill (Mönchengladbach), Täuber (Schalke).

6 Tore: Reich (Bielefeld), Günther (Karlsruhe), Rahn, Criens (beide Mönchengladbach), Wohlfarth (München), Claesen (Stuttgart).

⑫ Die nächsten Spiele

Freitag, 2. November, 20 Uhr
VfB Stuttgart – Eintracht Frankfurt
Bayer 05 Uerdingen – Borussia Mönchengladbach
Werder Bremen – VfL Bochum
Samstag, 3. November, 15.30 Uhr
SV Waldhof Mannheim – (14.30
Uhr)
– Bayer 04 Leverkusen
Eintracht Braunschweig – Karlsruher SC
Bayern München – Hamburger SV
Borussia Dortmund –
1. FC Köln – FC Schalke 04

Redemittel:

1. Wer hat gegen den Hamburger SV gespielt?
2. Wie hat der Hamburger SV gegen Bayer Uerdingen gespielt?
3. Wer ist auf dem ersten Platz?
4. Wie viele Spiele hat Bayern München gewonnen?
5. Wie viele Spiele hat Bayern München unentschieden gespielt?
6. Wie viele Spiele hat der Fußballverein Bayern München verloren?
7. Wie viele Tore hat er geschossen?
8. Wie viele Gegentore hat er?
9. Wie viele Pluspunkte hat er?
10. Wie viele Minuspunkte hat er?
11. Wie viele Zuschauer waren in Mönchen-gladbach?
12. Wer wird gegen den VfB-Stuttgart spielen?

Klassengespräch:

Wer hat am zehnten Spieltag gewonnen?
Wo gab es die meisten Zuschauer?
Wer hat seinen Platz verbessert?
Wer hat die meisten Spiele gewonnen?
Wer hat die meisten Spiele verloren?

Fortuna im Pech

Karlsruher SC — Fortuna Düsseldorf 1:0 (1:0)

Bierhoff

Reisepass, Arbeitserlaubnis, Personalausweis, Aufenthaltsgenehmigung

	Geburtsort	Geburts-datum	Wohnort	Farbe der Augen	Größe	Besondere Kennzeichen
Maria Fischer		14. 4. 1945		braun		Sommersprossen
Iris Meier	Wismar		Am Hafen 67		1,71 m	
Vroni Bergmann	Hamburg	16. 10. 1967			1,69 m	
Karin Fleischer		3. 12. 1939	Majakowski-straße 25			keine
Manfred Renner			Karl-Liebknecht-Platz 12	graugrün	1,80 m	
Ute Bolte	Chemnitz			blaugrün		Grübchen
Jürgen Zeller		11. 6. 1957	Am Kohlmarkt 18		1,82 m	
Peter Pieper	Kassel			hellbraun		keine
Sie						
Ihr/e Partner/in						

Fragen Sie Ihren Partner / Ihre Partnerin nach den fehlenden Informationen.
Notieren Sie die Antworten.

Reisepass, Arbeitserlaubnis, Personalausweis, Aufenthaltsgenehmigung

	Geburtsort	Geburts-datum	Wohnort	Farbe der Augen	Größe	Besondere Kennzeichen
Maria Fischer	Essen		Lindenallee 23		1,59 m	
Iris Meier		12.5.1967		blau		Muttermal am Hals
Vroni Bergmann			Bei der Schafbrücke 9	grau		Narbe über dem linken Auge
Karin Fleischer	Stralsund			grün	1,66 m	
Manfred Renner	Magdeburg	24.1.1920				keine
Ute Bolte		17.7.1954	Birkenweg 5		1,78 m	
Jürgen Zeller	Darmstadt			dunkel-blau		keine
Peter Pieper		23.3.1971	Steinweg 148		1,53 m	
Sie						
Ihr/e Partner/in						

Fragen Sie Ihren Partner/Ihre Partnerin nach den fehlenden Informationen.
Notieren Sie die Antworten.

	① Frau Kruse	② Frau Lohmann	③ Ihr Partner/Ihre Partnerin
Wohnort?		Bremen, Fürstenplatz 18	
Geburtsort?		Bremen	
Geburtsdatum?		14. 11. 1971	
Familienstand?		verheiratet	
Kinder?		ein Kleinkind	
Beruf?		Grafikerin	
Name des Vaters?		Karl Reichenbach	
Name der Mutter?		Sabine Reichenbach	
Arbeitszeit?		4 Stunden täglich	
Gehalt?		1200 Euro netto	
Auto?		Peugeot 205	
Raucher?		ja	
Freizeitbeschäftigung?		Musik hören	
Lieblingsgericht?		Forelle blau	
Problem?		Sie kann für ihr Kind keinen Platz im Kindergarten finden.	

1. *Sie kennen Frau Kruse nicht. Sie möchten aber etwas über sie erfahren. Fragen Sie Ihren Partner/Ihre Partnerin.*

2. *Ihr Partner/Ihre Partnerin kennt Frau Lohmann nicht und wird Sie jetzt natürlich ausfragen. Geben Sie ihm/ihr die erforderlichen Informationen.*

3. *Notieren Sie die Antworten Ihres Partners/Ihrer Partnerin.*

Redemittel:
– Wo wohnt Frau Kruse?/Wissen Sie, wo Frau Kruse wohnt?
– Hat Frau Kruse Kinder?/Wissen Sie, ob Frau Kruse Kinder hat?

	① Frau Kruse	② Frau Lohmann	③ Ihr Partner / Ihre Partnerin
Wohnort?	Leipzig, Cottaweg 5		
Geburtsort?	Berlin		
Geburtsdatum?	4. 3. 1950		
Familienstand?	geschieden		
Kinder?	zwei		
Beruf?	Krankenschwester		
Name des Vaters?	Heinz Kleist		
Name der Mutter?	Ute Kleist		
Arbeitszeit?	8 Stunden pro Tag		
Gehalt?	1100 Euro netto		
Auto?	keins		
Raucher?	nein		
Freizeitbeschäftigung?	Spazierengehen		
Lieblingsgericht?	Eisbein mit Sauerkraut		
Problem?	Sie kommt mit ihrem Geld nicht aus.		

Redemittel:
- Wo wohnt Frau Lohmann? / Wissen Sie, wo Frau Lohmann wohnt?
- Hat Frau Lohmann Kinder? / Wissen Sie, ob Frau Lohmann Kinder hat?

1. *Sie kennen Frau Lohmann nicht. Sie möchten aber etwas über sie erfahren. Fragen Sie Ihren Partner / Ihre Partnerin.*

2. *Ihr Partner / Ihre Partnerin kennt Frau Kruse nicht und wird Sie jetzt natürlich ausfragen. Geben Sie ihm / ihr die erforderlichen Informationen.*

3. *Notieren Sie die Antworten Ihres Partners / Ihrer Partnerin.*

	Merkur	Venus	Erde	Mars	Jupiter	Saturn	Uranus	Neptun	Pluto
1) Mittlere Entfernung von der Sonne (in Mill. km)		108,2	150,0	227,9	778,3	1427	2869,6		5900
2) Umlaufzeit um die Sonne	88 Tage		365 Tage	687 Tage	11,9 Jahre		84 Jahre	164,8 Jahre	248 Jahre
3) Rotationszeit (am Äquator)	59 Tage	243 Tage	23 Std. 56 Min.	24 Std. 37 Min.		10 Std. 14 Min.	10. Std. 49 Min.	15 Std. 40 Min.	
4) Rotationsgeschwindigkeit (km/Min.) (am Äquator)	0,18	0,11	27,89		759,99	617,77		148,98	2,0
5) Durchmesser am Äquator (in km)		12 400		6800	142 800	120 800	47 600	44 600	5 850
6) Dichte (in g/cm^3)	5,3	4,95	5,52		1,33		1,56	2,27	≈4
7) Durchschnittliche Temperaturen (in Grad Celsius)	Ts: +425 °C Ns: −170 °C		um +20 °C	um −50 °C	−130 °C	−150 °C	−180 °C		−230 °C
8) Monde	0	0	1	2		10	5	2	
9) Schwerkraft (Schwerebeschleunigung in: m/sec^2)	3,6	8,5		3,76	26,0	11,2		15,0	≈3,5
10) Albedo (Rückstrahlvermögen für das Sonnenlicht)	0,06		0,34		0,41	0,42	0,45	0,54	≈0,4

Erklärungen:

Std.: Stunden; Min.: Minuten; Albedo 0,06 bedeutet: 6% des auftreffenden Sonnenlichts werden vom Planeten reflektiert; Ts: Tagseite; Ns: Nachtseite; +20 °C: 20 Grad (20 Grad über Null); −20 °C: Minus 20 Grad (20 Grad unter Null); ≈ 3,5: ungefähr 3 Komma 5.
Die Venus und *die* Erde, die anderen Planeten sind maskulin.

Fragen Sie Ihren Partner/Ihre Partnerin nach den fehlenden Informationen.

> *Redemittel:*
>
> 1. Wie weit ist der … von der Sonne entfernt? – … Millionen km.
> 2. In welcher Zeit umkreist der … die Sonne? – In … Tagen (Jahren).
> 3. Wie lange dauert eine Umdrehung beim …?
> 4. Wie schnell dreht sich der …? – … km/Minute.
> 5. Wie groß ist der Durchmesser vom …? – … km.
> 6. Wie hoch ist die Dichte vom …?
> 7. Wie hoch ist die Temperatur auf dem …? – … Grad (minus … Grad).
> 8. Wie viele Monde hat der …?
> 9. Wie groß ist die Schwerkraft (Schwerebeschleunigung) auf dem …?
> 10. Wie groß ist die Albedo beim …?

Notieren Sie die Antworten.

	Merkur	Venus	Erde	Mars	Jupiter	Saturn	Uranus	Neptun	Pluto
1) Mittlere Entfernung von der Sonne (in Mill. km)	57,9		150,0	227,9	778,3		2869,6	4496,6	5900
2) Umlaufzeit um die Sonne	88 Tage	225 Tage	365 Tage		11,9 Jahre	29,5 Jahre	84 Jahre	164,8 Jahre	
3) Rotationszeit (am Äquator)	59 Tage			24 Std. 37 Min.	9 Std. 50 Min.	10 Std. 14 Min.	10. Std. 49 Min.	15 Std. 40 Min.	6 Tage 9 Std.18 Min.
4) Rotationsgeschwindigkeit (km/Min.) (am Äquator)		0,11	27,89	14,46	759,99	617,77	230,3		2,0
5) Durchmesser am Äquator (in km)	4840	12400	12756	6800		120800		44600	5850
6) Dichte (in g/cm³)	4,3	4,95		3,95	1,33	0,69	1,56	2,27	
7) Durchschnittliche Temperaturen (in Grad Celsius)	Ts: +425 °C Ns: −170 °C	+480 °C	um +20 °C		−130 °C		−180 °C	−200 °C	−230 °C
8) Monde		0	1	2	14	10		2	0
9) Schwerkraft (Schwerebeschleunigung in: m/sec²)	3,6	8,5	9,82	3,76		11,2	9,4		≈3,5
10) Albedo (Rückstrahlvermögen für das Sonnenlicht)	0,06	0,61		0,15	0,41	0,42	0,45		≈0,4

Erklärungen:

Std.: Stunden; Min.: Minuten; Albedo 0,06 bedeutet: 6% des auftreffenden Sonnenlichts werden vom Planeten reflektiert; Ts: Tagseite; Ns: Nachtseite; +20 °C: 20 Grad (20 Grad über Null); −20 °C: Minus 20 Grad (20 Grad unter Null); ≈3,5: ungefähr 3 Komma 5.
Die Venus und *die* Erde, die anderen Planeten sind maskulin.

Fragen Sie Ihren Partner/Ihre Partnerin nach den fehlenden Informationen.

> *Redemittel:*
>
> 1. Wie weit ist der … von der Sonne entfernt? – … Millionen km.
> 2. In welcher Zeit umkreist der … die Sonne? – In … Tagen (Jahren).
> 3. Wie lange dauert eine Umdrehung beim …?
> 4. Wie schnell dreht sich der …? – … km/Minute.
> 5. Wie groß ist der Durchmesser vom …? – … km.
> 6. Wie hoch ist die Dichte vom …?
> 7. Wie hoch ist die Temperatur auf dem …? – … Grad (minus … Grad).
> 8. Wie viele Monde hat der …?
> 9. Wie groß ist die Schwerkraft (Schwerebeschleunigung) auf dem …?
> 10. Wie groß ist die Albedo beim …?

Notieren Sie die Antworten.

© Langenscheidt Verlag 2000. Vervielfältigung zu Unterrichtszwecken gestattet.

Beantworten Sie jetzt mithilfe der Tabelle (Kapitel 33) alle Fragen, die eine ungerade Zahl haben. Kreuzen Sie die Antworten an. Dann erzählen Sie Ihrem Partner/Ihrer Partnerin, was Sie erfahren haben. Kreuzen Sie auch seine/ihre Mitteilungen an.

	Merkur	Venus	Erde	Mars	Jupiter	Saturn	Uranus	Neptun	Pluto
1. Welche Planeten haben mehr Monde als die Erde?			•						
2. Welche Planeten brauchen für eine Umdrehung länger als die Erde?			•						
3. Welche Planeten brauchen für eine Umdrehung weniger Zeit als die Erde?			•						
4. Auf welchen Planeten ist die Schwerkraft stärker als auf der Erde?			•						
5. Auf welchen Planeten ist sie schwächer als auf der Erde?			•						
6. Welche Planeten sind weiter von der Sonne entfernt als die Erde?			•						
7. Welche Planeten liegen näher an der Sonne?			•						
8. Welche Planeten haben eine höhere Dichte als die Erde?			•						
9. Welche Planeten sind größer als die Erde?			•						
10. Welche Planeten sind kleiner als die Erde?			•						
11. Welche Planeten wirken heller als die Erde?			•						
12. Welche Planeten wirken dunkler als die Erde?			•						
13. Welche Planeten drehen sich schneller als die Erde?			•						
14. Welche Planeten drehen sich langsamer als die Erde?			•						
15. Welche Planeten haben eine längere Umlaufzeit um die Sonne als die Erde?			•						
16. Welche Planeten umkreisen die Sonne in einer kürzeren Zeit als die Erde?			•						
17. Auf welchen Planeten ist es kälter als auf der Erde?			•						
18. Auf welchen Planeten ist es wärmer als auf der Erde?			•						
19. Welcher Planet hat die meisten Monde?									
20. Welcher Planet braucht für eine Umdrehung am längsten?									
21. Welcher Planet braucht für eine Umdrehung die kürzeste Zeit?									
22. Welcher Planet ist am größten?									
23. Welcher Planet ist am kleinsten?									
24. Welcher Planet wirkt am hellsten?									
25. Welcher Planet wirkt am dunkelsten?									
26. Auf welchem Planeten ist es am wärmsten?									
27. Auf welchem Planeten ist es am kältesten?									
28. Welcher Planet ist am weitesten von der Sonne entfernt?									
29. Welcher Planet liegt der Sonne am nächsten?									
30. Welcher Planet hat die höchste Dichte?									
31. Welcher Planet hat die niedrigste Dichte?									
32. Welcher Planet dreht sich am schnellsten?									
33. Welcher Planet dreht sich am langsamsten?									
34. Welcher Planet braucht am längsten, um die Sonne zu umkreisen?									
35. Welcher Planet umkreist die Sonne in der kürzesten Zeit?									
36. Auf welchem Planeten ist die Schwerkraft am stärksten?									
37. Auf welchem Planeten ist sie am schwächsten?									

Beantworten Sie jetzt mithilfe der Tabelle (Kapitel 33) alle Fragen, die eine gerade Zahl haben. Kreuzen Sie die Antworten an. Dann erzählen Sie Ihrem Partner/Ihrer Partnerin, was Sie erfahren haben. Kreuzen Sie auch seine/ihre Mitteilungen an.

	Merkur	Venus	Erde	Mars	Jupiter	Saturn	Uranus	Neptun	Pluto
1. Welche Planeten haben mehr Monde als die Erde?			•						
2. Welche Planeten brauchen für eine Umdrehung länger als die Erde?			•						
3. Welche Planeten brauchen für eine Umdrehung weniger Zeit als die Erde?			•						
4. Auf welchen Planeten ist die Schwerkraft stärker als auf der Erde?			•						
5. Auf welchen Planeten ist sie schwächer als auf der Erde?			•						
6. Welche Planeten sind weiter von der Sonne entfernt als die Erde?			•						
7. Welche Planeten liegen näher an der Sonne?			•						
8. Welche Planeten haben eine höhere Dichte als die Erde?			•						
9. Welche Planeten sind größer als die Erde?			•						
10. Welche Planeten sind kleiner als die Erde?			•						
11. Welche Planeten wirken heller als die Erde?			•						
12. Welche Planeten wirken dunkler als die Erde?			•						
13. Welche Planeten drehen sich schneller als die Erde?			•						
14. Welche Planeten drehen langsamer als die Erde?			•						
15. Welche Planeten haben eine längere Umlaufzeit um die Sonne als die Erde?			•						
16. Welche Planeten umkreisen die Sonne in einer kürzeren Zeit als die Erde?			•						
17. Auf welchen Planeten ist es kälter als auf der Erde?			•						
18. Auf welchen Planeten ist es wärmer als auf der Erde?			•						
19. Welcher Planet hat die meisten Monde?									
20. Welcher Planet braucht für eine Umdrehung am längsten?									
21. Welcher Planet braucht für eine Umdrehung die kürzeste Zeit?									
22. Welcher Planet ist am größten?									
23. Welcher Planet ist am kleinsten?									
24. Welcher Planet wirkt am hellsten?									
25. Welcher Planet wirkt am dunkelsten?									
26. Auf welchem Planeten ist es am wärmsten?									
27. Auf welchem Planeten ist es am kältesten?									
28. Welcher Planet ist am weitesten von der Sonne entfernt?									
29. Welcher Planet liegt der Sonne am nächsten?									
30. Welcher Planet hat die höchste Dichte?									
31. Welcher Planet hat die niedrigste Dichte?									
32. Welcher Planet dreht sich am schnellsten?									
33. Welcher Planet dreht sich am langsamsten?									
34. Welcher Planet braucht am längsten, um die Sonne zu umkreisen?									
35. Welcher Planet umkreist die Sonne in der kürzesten Zeit?									
36. Auf welchem Planeten ist die Schwerkraft am stärksten?									
37. Auf welchem Planeten ist sie am schwächsten?									

Szene 1:

Sie arbeiten in einem Hotel an der Rezeption. Das Hotel ist relativ voll.
Sie haben noch frei:
– ein Doppelzimmer ohne Dusche, 40 Euro pro Nacht;
– ein Dreibettzimmer mit Dusche, 56 Euro pro Nacht;
– zwei Einzelzimmer mit Dusche, 35 Euro pro Nacht für jedes Zimmer.
Es ist spät abends, ein Gast kommt. Ihr Partner / Ihre Partnerin ist der Gast.

Szene 2:

Es ist 23 Uhr. Sie kommen in ein Hotel und wollen ein Einzelzimmer mit Dusche, Toilette, Fernseher, Radio und Telefon. Sie sind Industriemanager/in und wollen zwei Nächte bleiben. Alle anderen Hotels in der Stadt sind voll. Sie müssen hier bleiben!
Ihr Partner / Ihre Partnerin arbeitet im Hotel.

Szene 3:

Sie arbeiten in einem Hotel an der Rezeption. Es gibt nur noch wenig Platz.
Sie haben noch frei:
– ein Zweibettzimmer mit Dusche und Toilette, 60 Euro pro Nacht;
– zwei Einzelzimmer mit Dusche und Toilette, 37 Euro pro Nacht für jedes Zimmer.
Es ist spät abends, ein Gast kommt. Ihr Partner / Ihre Partnerin ist der Gast.

Szene 4:

Sie kommen spät abends in ein Hotel. Sie möchten ein Einzelzimmer mit Toilette und mit Fenster zum Garten, für eine Nacht. Fragen Sie nach Preisen und entscheiden Sie sich. Ihr Partner / Ihre Partnerin arbeitet im Hotel.

Szene 1:

Sie kommen spät abends in ein Hotel. Ihr Mann / Ihre Frau wartet im Auto.
Sie wollen ein Doppelzimmer mit Dusche für drei Nächte. Fragen Sie nach
Preisen und entscheiden Sie sich. Ihr Partner / Ihre Partnerin arbeitet im
Hotel.

Szene 2:

Sie arbeiten in einem Hotel an der Rezeption. Das Hotel ist voll. Sie haben nur noch ein Einzelzimmer frei,
aber es ist für morgen, 10 Uhr, reserviert für einen Filmstar. Das Zimmer hat: Dusche, Toilette, Fernseher,
Kühlschrank, Stereoanlage und Telefon. Es kostet 70 Euro pro Nacht. Es ist spät abends, ein Gast kommt.
Ihr Partner / Ihre Partnerin ist der Gast.

Szene 3:

Sie kommen spät abends in ein Hotel. Sie wollen ein Dreibettzimmer für sich, Ihre Frau / Ihren Mann und Ihr
Kind, 8 Jahre. Am besten mit Dusche und Toilette, nur für eine Nacht. Fragen Sie nach Preisen und entscheiden
Sie sich!
Ihr Partner / Ihre Partnerin arbeitet im Hotel.

Szene 4:

Sie arbeiten in einem Hotel an der Rezeption. Das Hotel ist fast voll.
Sie haben noch frei:
– ein Dreibettzimmer mit Toilette und Fenster zum Garten, 65 Euro pro Nacht;
– ein Einzelzimmer mit Toilette und Fenster zur Hauptstraße, 30 Euro pro Nacht;
– ein Zweibettzimmer; das Zimmer hat Toilette und Fenster zum Garten; 55 Euro pro Nacht.
Es ist spät abends, ein Gast kommt. Ihr Partner / Ihre Partnerin ist der Gast.

Sie machen seit zwei Wochen Urlaub im Hotel „Schönblick" im Schwarzwald.
Über einige der anderen Urlauber wissen Sie schon recht gut Bescheid, über einige wissen Sie nichts,
nur den Namen. Sie unterhalten sich mit Ihrem Partner/Ihrer Partnerin über die anderen Urlauber:

> B: Wer ist eigentlich Frau Wunderbar?
> A: Frau Wunderbar? Ach, das ist die Sekretärin aus Freiburg,
>   die nie ohne Sonnenbrille ins Kino geht. →

Frau Wunderbar	Herr Schulz	Herr Überfeld	Herr Konradi
Die Sekretärin aus Freiburg. Sie geht nie ohne Sonnenbrille ins Kino.		Der Baseballspieler. Man kann mit ihm nur über Sport sprechen.	Der Intellektuelle von Zimmer 85. Er kommt immer zu spät zum Essen.
Frau Donner	Herr Salzburg	Frau Lüders	Herr Sanders
	Der Hippie. Wir haben ihn gestern in der Sauna getroffen.		Der Fabrikant aus Gelsenkirchen. Seine Sekretärin ruft täglich an.
Frau Scheuermann	Herr Rabe	Herr Drews	Frau Claußnitzer
		Der Dicke, Zimmer 52. Man hört kein freundliches Wort von ihm.	
Frau Brendels	Herr Blankenese	Frau Biedermann	Frau Mall
Die junge Frau aus Halle. Ihr Mann ist vor kurzem gestorben.			Die Blonde von Zimmer 102. Der Dicke wird noch an sie denken.

Sie machen seit zwei Wochen Urlaub im Hotel „Schönblick" im Schwarzwald.
Über einige der anderen Urlauber wissen Sie schon recht gut Bescheid, über einige wissen Sie nichts,
nur den Namen. Sie unterhalten sich mit Ihrem Partner/Ihrer Partnerin über die anderen Urlauber:

A: Wer ist eigentlich Frau Claußnitzer?
B: Frau Claußnitzer? Ach, das ist die arrogante Frau aus Köln,
    die nur mit Hut zum Essen geht. →

Frau Wunderbar	Herr Schulz	Herr Überfeld	Herr Konradi
	Der Herr aus Gera. Seine Frau geht immer allein spazieren.		
Frau Donner	Herr Salzburg	Frau Lüders	Herr Sanders
Die junge Frau von Zimmer 51. Niemand will mit ihr reden.		Die Frau von Zimmer 91. Man kann nichts über sie sagen.	
Frau Scheuermann	Herr Rabe	Herr Drews	Frau Claußnitzer
Die hysterische Frau aus Lübeck. Wir haben sie in der Bar gesehen.	Der unfreundliche Herr von Zimmer 137. Er arbeitet auch im Urlaub.		Die arrogante Frau aus Köln. Sie geht nur mit Hut zum Essen. ←
Frau Brendels	Herr Blankenese	Frau Biedermann	Frau Mall
	Der freundliche Herr, Zimmer 23. Ich war mit ihm beim Skifahren.	Die Frau aus Hamburg. Ihre Tochter geht jeden Abend in die Disco.	

Das ist Reiner Reichenbach.

Kreuzen Sie zuerst Ihre Antworten an.

	Angenommen, Sie wären Reiner. Würden Sie genauso handeln wie er?		*Und Ihr Partner/Ihre Partnerin? Wie würde er/sie handeln?*	
Das wissen wir alles über ihn:	Das würde ich nicht tun.	Das würde ich auch tun.	Er/Sie würde das nicht tun.	Er/Sie würde das auch tun.
1. Er hat Fieber, aber trotzdem bleibt er nicht im Bett.				
2. Er ist verheiratet, aber er tanzt mit anderen Frauen.				
3. Seine Mutter ist zu Besuch, trotzdem geht er allein ins Kino.				
4. Er hat ein Auto, aber trotzdem fährt er mit dem Bus.				
5. Es regnet, aber trotzdem geht er spazieren.				
6. Er hat wenig Geld, aber trotzdem fährt er im Urlaub ins Ausland.				
7. Er kann nicht schwimmen, aber trotzdem fährt er zum Strand.				
8. Er ist ziemlich dick, aber trotzdem isst er fast jeden Tag Kuchen.				
9. Er hat Zahnschmerzen, aber er geht nicht zum Zahnarzt.				
10. Seine Nachbarn machen manchmal abends Krach, aber er beschwert sich nie.				

Jetzt fragen Sie Ihren Partner/Ihre Partnerin.

> *Beispiel:* A: Würden Sie auch nicht im Bett bleiben, wenn Sie Fieber hätten?
> B: Doch, wenn ich Fieber hätte, würde ich im Bett bleiben.

Danach besprechen Sie alles noch einmal in der Klasse.

> *Beispiel:* Ich würde auch mit anderen Frauen/Männern tanzen, wenn ich verheiratet wäre,
> aber mein Partner/meine Partnerin würde das nicht tun.

Das ist Reiner Reichenbach.

Kreuzen Sie zuerst Ihre Antworten an.

	Angenommen, Sie wären Reiner. Würden Sie genauso handeln wie er?		Und Ihr Partner / Ihre Partnerin? Wie würde er/sie handeln?	
	Das würde ich nicht tun.	Das würde ich auch tun.	Er/Sie würde das nicht tun.	Er/Sie würde das auch tun.
Das wissen wir alles über ihn:				
1. Er hat Fieber, aber trotzdem bleibt er nicht im Bett.				
2. Er ist verheiratet, aber er tanzt mit anderen Frauen.				
3. Seine Mutter ist zu Besuch, trotzdem geht er allein ins Kino.				
4. Er hat ein Auto, aber trotzdem fährt er mit dem Bus.				
5. Es regnet, aber trotzdem geht er spazieren.				
6. Er hat wenig Geld, aber trotzdem fährt er im Urlaub ins Ausland.				
7. Er kann nicht schwimmen, aber trotzdem fährt er zum Strand.				
8. Er ist ziemlich dick, aber trotzdem isst er fast jeden Tag Kuchen.				
9. Er hat Zahnschmerzen, aber er geht nicht zum Zahnarzt.				
10. Seine Nachbarn machen manchmal abends Krach, aber er beschwert sich nie.				

Jetzt fragen Sie Ihren Partner / Ihre Partnerin.

Beispiel: B: Würden Sie auch nicht im Bett bleiben, wenn Sie Fieber hätten?   A: Doch, wenn ich Fieber hätte, würde ich im Bett bleiben.

Danach besprechen Sie alles noch einmal in der Klasse.

Beispiel: Ich würde auch mit anderen Frauen/Männern tanzen, wenn ich verheiratet wäre, aber mein Partner / meine Partnerin würde das nicht tun.

Kreuzen Sie zuerst an, was Sie wissen oder was Sie nicht wissen.	Sie		Ihr Partner / Ihre Partnerin	
	weiß ich	weiß ich nicht	weiß er / sie	weiß er / sie nicht
1. Wer hat Amerika entdeckt?				
2. Ist die „Tundra" eine Landschaft in Afrika?				
3. Wie heißt die Hauptstadt von Rumänien?				
4. Wer war der erste Mensch am Südpol?				
5. Wachsen in Deutschland Melonen?				
6. Wie viele Sekunden hat eine Stunde?				
7. Gibt es in Indien Tiger?				
8. Waren die Teutonen ein germanisches Volk?				
9. Wann war der 1. Weltkrieg?				
10. Konnten die Römer schon Glas herstellen?				
11. Wo ist das nächste Krankenhaus?				

Jetzt fragen Sie Ihren Partner/Ihre Partnerin und kreuzen Sie seine/ihre Antworten an.

> *Redemittel:* A: Wissen Sie / Weißt du, wo … (ob …) usw.?
> B: Ja, … . / Nein. / Keine Ahnung.

Dann erzählen Sie der Klasse, was Ihr Partner/Ihre Partnerin weiß oder nicht weiß: „Er/Sie weiß, wo …, aber er/sie weiß nicht, ob … ."
Diskutieren Sie die Antworten in der Klasse. Wer hat am meisten gewusst?

Kreuzen Sie zuerst an, was Sie wissen
oder was Sie nicht wissen.

	Sie		Ihr Partner / Ihre Partnerin	
	weiß ich	weiß ich nicht	weiß er / sie	weiß er / sie nicht
1. Wer hat Amerika entdeckt?				
2. Ist die „Tundra" eine Landschaft in Afrika?				
3. Wie heißt die Hauptstadt von Rumänien?				
4. Wer war der erste Mensch am Südpol?				
5. Wachsen in Deutschland Melonen?				
6. Wie viele Sekunden hat eine Stunde?				
7. Gibt es in Indien Tiger?				
8. Waren die Teutonen ein germanisches Volk?				
9. Wann war der 1. Weltkrieg?				
10. Konnten die Römer schon Glas herstellen?				
11. Wo ist das nächste Krankenhaus?				

Jetzt fragen Sie Ihren Partner / Ihre Partnerin und kreuzen Sie seine / ihre Antworten an.

Redemittel: B: Wissen Sie / Weißt du, wo … (ob …) usw.?   A: Ja, … . / Nein. / Keine Ahnung.

Dann erzählen Sie der Klasse, was Ihr Partner / Ihre Partnerin weiß oder nicht weiß: „Er / Sie weiß, wo …,
aber er / sie weiß nicht, ob … ."
Diskutieren Sie die Antworten in der Klasse. Wer hat am meisten gewusst?

Schon mal was von  gehört?

Hören Sie gut zu, welche Anweisungen Ihnen Ihr Partner / Ihre Partnerin gibt, und überlegen Sie, zu welchen Bildern sie passen. Notieren Sie hier die passenden Buchstaben der Bilder.

1	2	3	4	5	6	7

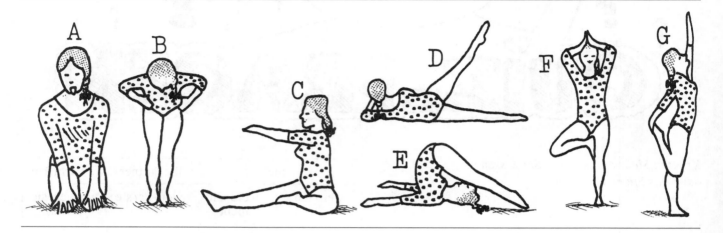

Lesen Sie Ihrem Partner / Ihrer Partnerin diese Situationen vor und geben Sie ihm / ihr dabei die Nummern an.

1. Legen Sie sich bitte auf den Boden, und zwar mit dem Bauch und Gesicht nach unten. Jetzt ziehen Sie beide Beine an und umfassen die Füße dann mit den Händen. Versuchen Sie ein paar Mal an den Füßen zu ziehen.

2. Legen Sie sich bitte mit dem Bauch nach unten auf den Boden. Halten Sie die Beine zusammen und die Arme eng am Körper. Jetzt heben Sie das rechte Bein langsam durchgestreckt so weit wie möglich nach oben. Den Kopf können Sie dabei leicht anheben. Wiederholen Sie diese Übung mit dem linken Bein.

3. Setzen Sie sich bitte auf den Boden und strecken Sie Ihre Beine nach vorne aus. Umfassen Sie jetzt die Füße, und versuchen Sie den Oberkörper so weit wie möglich nach vorn zu beugen. Die Beine bleiben dabei durchgestreckt. Wiederholen sie diese Übung 3-mal.

4. Setzen Sie sich bitte auf den Boden und strecken Sie ihre Beine nach vorne aus. Legen Sie die Hände auf die Knie. Jetzt ziehen Sie das rechte Bein an und umfassen den Knöchel mit der rechten Hand. Halten Sie dabei Kopf und Oberkörper schön gerade. Wiederholen Sie diese Übung mit dem linken Bein.

5. Stellen Sie sich bitte gerade hin und ziehen Sie das linke Knie so weit wie möglich hoch. Umfassen Sie es mit beiden Händen. Halten Sie dabei den Kopf und Rücken schön gerade. Wiederholen Sie diese Übung mit dem rechten Bein.

6. Stellen Sie sich bitte gerade hin und halten Sie die Beine etwas auseinander. Strecken Sie beide Arme nach oben aus und halten Sie sich nur an den Fingern fest. Jetzt beugen Sie sich seitwärts abwechselnd 2-mal kurz nach links und dann 2-mal kurz nach rechts. Arme, Kopf, Oberkörper und Beine bleiben dabei gerade.

7. Knien Sie sich bitte auf den Boden, und setzen Sie sich dann auf die Fersen. Jetzt halten Sie die linke Hand so weit wie möglich nach oben auf dem Rücken, und zwar mit der Handfläche nach außen. Strecken Sie zuerst den rechten Arm nach oben und versuchen Sie dann mit der rechten Hand die Finger der linken Hand zu erreichen, indem Sie den Arm nach hinten über die Schulter werfen. Halten Sie sich jetzt an den Fingern fest und ziehen Sie die Arme 2-mal nach oben und dann nach unten. Wiederholen Sie diese Übung jetzt mit der rechten Hand auf dem Rücken.

Schon mal was von YOGA **gehört?**

Hören Sie gut zu, welche Anweisungen Ihnen Ihr Partner/Ihre Partnerin gibt, und überlegen Sie, zu welchen Bildern sie passen. Notieren Sie hier die passenden Buchstaben der Bilder.

1	2	3	4	5	6	7

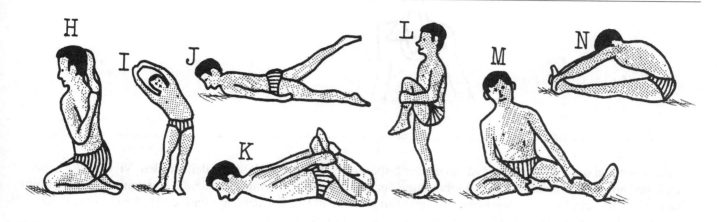

Lesen Sie Ihrem Partner/Ihrer Partnerin diese Situationen vor und geben Sie ihm/ihr dabei die Nummern an.

1. Stellen Sie sich bitte gerade hin und falten Sie Ihre Hände über dem Kopf zusammen, und zwar so, dass sie direkt auf dem Kopf aufliegen. Ziehen Sie jetzt langsam das rechte Knie so weit wie möglich seitwärts hoch. Die Fußsohle berührt dabei die Innenseite des linken Beines. Halten Sie Kopf, Oberkörper und das linke Bein immer schön gerade. Wiederholen Sie diese Übung jetzt mit dem linken Bein.

2. Stellen Sie sich bitte gerade hin und halten Sie beide Hände in der Hüfte. Die Beine bleiben dabei geschlossen. Jetzt beugen Sie Ihren Oberkörper langsam nach vorn. Wiederholen Sie diese Übung 5-mal.

3. Knien Sie sich bitte hin und setzen Sie sich dabei auf Ihre Fersen. Halten Sie den Oberkörper schön gerade und legen Sie beide Hände auf Ihre Knie. Jetzt strecken Sie Ihre Zunge so weit wie möglich nach unten heraus. Wiederholen Sie diese Übung 5-mal.

4. Setzen Sie sich bitte hin und strecken Sie dabei Arme und Beine nach vorne aus, so dass beide Arme und beide Beine sich berühren. Jetzt ziehen Sie das linke Bein so weit wie möglich an. Die Fußsohle des linken Beines berührt dabei die Innenseite des rechten Beines. Halten Sie dabei Kopf und Oberkörper schön gerade. Wiederholen Sie diese Übung mit dem rechten Bein.

5. Legen Sie sich auf die Seite, sodass die Beine ausgestreckt übereinander liegen. Stützen Sie Ihren Kopf auf die linke Hand. Die rechte Hand stützen Sie auf den Boden vor Ihrer Brust. Jetzt heben Sie langsam das rechte Bein so weit wie möglich hoch. Halten Sie es dabei gerade. Wiederholen Sie diese Übung, indem Sie sich auf die andere Seite legen.

6. Stellen Sie sich bitte gerade hin und strecken Sie den linken Arm nach oben. Jetzt ziehen Sie die Wade des rechten Beines nach hinten hoch. Der Oberschenkel wird dabei nicht bewegt. Umfassen Sie dann mit der rechten Hand den rechten Fuß. Strecken Sie dabei die Brust nach vorn und legen Sie den Kopf in den Nacken. Wiederholen Sie diese Übung mit dem linken Bein.

7. Legen Sie sich bitte mit dem Rücken nach unten auf den Boden. Halten Sie die Beine zusammen. Die Arme bleiben eng am Körper, und zwar so, dass die Handflächen den Boden berühren. Jetzt heben Sie Beine und Po so langsam wie möglich hoch, bis die Zehen den Boden über dem Kopf berühren. Die Beine müssen dabei immer durchgestreckt bleiben. Wiederholen Sie diese Übung 3-mal.

1. Das größte Kaufhaus Ihrer Stadt ist überfallen worden. Der Täter, ein Mann, ist mit der Tageskasse (ca. eine halbe Million Euro) davongelaufen. Viele Leute haben den Mann gesehen und der Polizei eine vage Personenbeschreibung gegeben. Eine Viertelstunde später hat die Polizei acht Verdächtige festgenommen. Sie haben den Mann ganz genau gesehen und rufen jetzt die Polizei an (Ihren Partner/Ihre Partnerin) und geben eine exakte Beschreibung. So sah der Mann aus:

2. Sie arbeiten bei der Polizei. Heute ist ein großer Supermarkt in Ihrer Stadt überfallen worden. Viele Leute haben bei Ihnen angerufen und eine vage Beschreibung der Frau gegeben, die mit dem Geld weggelaufen ist. Daraufhin hat die Polizei acht Frauen festgenommen. Jetzt ruft jemand an (Ihr Partner/Ihre Partnerin), der die Frau ganz genau gesehen hat, und beschreibt sie. Eine von diesen acht Frauen ist es:

1. Sie arbeiten bei der Polizei. Heute ist das größte Kaufhaus Ihrer Stadt überfallen worden. Viele Leute haben bei Ihnen angerufen und eine vage Beschreibung des Mannes gegeben, der mit der Tageskasse davongelaufen ist. Daraufhin hat die Polizei acht Männer festgenommen. Jetzt ruft jemand an (Ihr Partner/Ihre Partnerin), der den Mann ganz genau gesehen hat, und beschreibt ihn. Einer von diesen acht Männern ist es:

2. In Ihrer Stadt ist ein großer Supermarkt überfallen worden. Eine Frau ist mit den Einnahmen der letzten Woche (250 000 Euro) weggelaufen. Viele Leute haben die Frau gesehen und der Polizei eine vage Personenbeschreibung gegeben. Eine halbe Stunde später hat die Polizei acht Verdächtige festgenommen. Sie haben die Frau ganz genau gesehen und rufen jetzt die Polizei an (Ihren Partner/Ihre Partnerin) und geben eine exakte Beschreibung. So sah die Frau aus:

Original und Fälschung

Sie haben das Original. Ihr Partner / Ihre Partnerin hat die Fälschung.
Beschreiben Sie nun Ihrem Partner / Ihrer Partnerin genau Ihre Zeichnung
und stellen Sie dabei insgesamt 10 Unterschiede fest.
Notieren Sie die Unterschiede.

Wenn Sie es für nötig halten, können Sie die Unterschiede schriftlich ausformulieren.

Original und Fälschung

Sie haben die Fälschung. Ihr Partner/Ihre Partnerin hat das Original.
Beschreiben Sie nun Ihrem Partner/Ihrer Partnerin genau Ihre Zeichnung
und stellen Sie dabei insgesamt 10 Unterschiede fest.
Notieren Sie die Unterschiede.

Wenn Sie es für nötig halten, können Sie die Unterschiede schriftlich ausformulieren.

Freizeitpartner

I. Sie sind eine Person, die im Prinzip jeden anderen Menschen akzeptieren kann. Sie suchen für Ihre Freizeit einen Partner oder eine Partnerin. Am liebsten sind Sie mit Menschen zusammen, mit denen Sie nicht viel sprechen müssen. Sie hören gern Musik, spielen Querflöte und fotografieren auch gern. Fernsehen und Kino interessiert Sie wenig. Wenn möglich, machen Sie auch gern Ausflüge. Erzählen Sie das alles Ihrem Partner/Ihrer Partnerin und fragen Sie, wen er/sie Ihnen empfehlen kann. Notieren Sie die Telefonnummer der Person, die am besten zu Ihnen passt. Es ist Ihnen egal, ob das ein Mann oder eine Frau ist.

II. Ihr Partner/Ihre Partnerin sucht jemanden für gemeinsame Freizeit. Hören Sie, was für ein Mann er/sie ist und was für einen Menschen er/sie sucht. Erzählen Sie ihm/ihr alles von den folgenden sechs Personen.

1. Sportlicher und dynamischer älterer Herr sucht Partner für verregnete Nachmittage zwecks Unterhaltung und Kartenspielen und für sonnige Wochenenden für längere Radtouren. Der Partner oder die Partnerin sollte ebenfalls sportlich sein und diskussionsfreudig. Tel. 69 50 08.

2. Intellektueller junger Mann, vielseitig interessiert, Stubenhocker, wünscht sich einen ruhigen, ausgeglichenen Menschen zum Domino- und Schachspielen. Tel. 73 75 20.

3. Jähzornige, aber sonst liebevolle Dame sucht einen geduldigen Mitmenschen für lange Abende bei Kerzenlicht für Gespräche über transzendentale Meditation. Die Person sollte gut zuhören können und sehr tierlieb sein, weil zwei Hunde im Haus sind. Tel. 58 32 01.

4. Aufgeschlossener Herr mittleren Alters, Fußballfan, sehr unternehmungslustig und trinkfreudig, sucht Partner oder Partnerin für gemeinsame Freizeitgestaltung. Die Person sollte nicht einseitig und auf keinen Fall träge und phlegmatisch sein. Tel. 48 79 93.

5. Aufgeschlossene, freiheitsliebende junge Frau möchte nicht länger allein sein und sucht Partner oder Partnerin für gemeinsame Freizeit. Sie ist naturverbunden und geht auch gern mal in ein Restaurant oder eine Bar. Der Partner oder die Partnerin sollte vielseitig interessiert und ein geduldiger Mensch sein. Tel. 21 39 87.

6. Gutsituierte, nievauvolle Dame sucht Gesprächspartner/in für angeregte Unterhaltung bei Kaffee und Kuchen. Der Partner oder die Partnerin sollte aufgeschlossen und vielseitig interessiert sein. Tel. 42 91 07.

Freizeitpartner

I. Ihr Partner / Ihre Partnerin sucht jemanden für gemeinsame Freizeit.
Hören Sie, was für ein Mensch er / sie ist und was für einen Menschen er / sie sucht.
Erzählen sie ihm / ihr alles von den folgenden sechs Personen.

1. Melancholischer, freundlicher junger Mann sucht einen Partner oder eine Partnerin zwecks gemeinsamer Freizeitgestaltung. Die Person sollte tolerant, intelligent und aufgeschlossen sein und sich für klassische Musik und Malerei der Romantik interessieren. Tel. 38 97 22.

2. Ältere Dame, sehr agil und unternehmungslustig, sucht Freizeitpartner/in für Fototouren. Bevorzugte Objekte: Architektur und Menschen. Der Partner / Die Partnerin sollte ausgeglichen und diskussionsfreudig sein. Tel. 64 28 81.

3. Quirliges junges Mädchen, aufgeschlossen, weltoffen, sportlich und musikalisch, sucht für endlose Tanzabende, häufige Kinobesuche und Rockkonzerte einen liebevollen, unendlich toleranten und geduldigen Mitmenschen. Tel. 20 17 65.

4. Freundliche und vielseitig interessierte Dame mittleren Alters sucht für gemeinsame Freizeit an den Wochenenden einen stillen Menschen, der fotointeressiert und musikalisch ist. Tel. 72 90 03.

5. Gutmütiger, wohlsituierter Herr mittleren Alters sucht trinkfesten Partner für lange Fernsehabende, zum Kartenspielen, für vielseitige Unterhaltungen und eventuelle Ausflüge am Wochenende. Tel. 68 32 40.

6. Etwas egozentrischer junger Mann, sehr fotointeressiert, eishockeybegeistert und leidenschaftlicher Briefmarkensammler, sucht für gemeinsame Freizeit Partner oder Partnerin. Die Person sollte sehr tolerant sein, gut zuhören können und sich besonders für Fotografie und Briefmarken interessieren. Tel. 80 83 72.

II. Sie suchen für Ihre Freizeit einen Partner oder eine Partnerin. Sie haben relativ viele Interessen, gehen gern wandern und spazieren, trinken aber auch gern mal ein Gläschen. Natürlich diskutieren Sie auch gern, aber Sie sind nicht gern im Haus. Sie sind ein sehr ruhiger Mensch. Sport interessiert Sie überhaupt nicht. Erzählen Sie alles Ihrem Partner / Ihrer Partnerin und fragen Sie, wen er/sie Ihnen empfehlen kann. Notieren Sie die Telefonnummer der Person, die am besten zu Ihnen passt! Es ist Ihnen egal, ob das ein Mann oder eine Frau ist.

Stadtplanung

Sprechen Sie mit Ihrem Partner/Ihrer Partnerin über das heiße Thema „Stadtplanung".

Beispiel:

B: Ich habe gehört: In der Annenstraße <u>baut</u> man eine Kirche.
A: Ja. ➔ Ja, da <u>wird</u> eine Kirche <u>gebaut</u>.

oder:

B: Ich habe gelesen: Man <u>will</u> im März den Sportpalast <u>abreißen</u>.
A: Nein (im Juni). ➔ Nein, der <u>soll</u> im Juni <u>abgerissen</u> <u>werden</u>.

➔ Ich habe gelesen: Im Zentrum baut man ein neues Theater.

Antwort: Ja. ➔

➔ Ich habe gehört: Man baut die Hauptstraße aus.

Antwort: Nein (erst im Mai). ➔

➔ Stimmt das: Die wollen die Mariannenkirche restaurieren?

Antwort: Ja. ➔

➔ Ich habe im Radio gehört: Man will die U-Bahn-Linie 5 ausbauen.

Antwort: Nein (nur 12). ➔

➔ Die Leute sagen: Man reißt nächste Woche das Rathaus ab.

Antwort: Nein (die Jacobikirche). ➔

➔ Die Leute sagen: Man will in der Hainstraße neue Bäume pflanzen.

Antwort: Ja. ➔

➔ Meine Freundin meint: Man wartet zu lange mit der Hausbesetzung.

Antwort: Ja. ➔

➔ Meine Nachbarn sagen: Man erhöht nächsten Monat die Buspreise.

Antwort: Ja, diese Woche.

Stadtplanung

Sprechen Sie mit Ihrem Partner/Ihrer Partnerin über das heiße Thema „Stadtplanung".

Beispiel:

B: Ich habe gehört: In der Annenstraße <u>baut</u> man eine Kirche.
A: Ja. ➙ Ja, da <u>wird</u> eine Kirche <u>gebaut</u>.

oder:

B: Ich habe gelesen: Man <u>will</u> im März den Sportpalast <u>abreißen</u>.
A: Nein (im Juni). ➙ Nein, der <u>soll</u> im Juni <u>abgerissen</u> <u>werden</u>.

Antwort: Nein (eine Bank). ➙

   ➙ Ich habe gehört: Man will das Haus in der Friedrichstraße 12 abreißen.

Antwort: Ja. ➙

   ➙ Meine Nachbarn erzählen: Man will im Januar die Waldallee verbreitern.

Antwort: Ja. ➙

   ➙ Ich habe im Radio gehört: Man legt am Albertplatz einen kleinen Park an.

Antwort: Nein (Linie 6). ➙

   ➙ In der Zeitung steht: Am Stadtrand wollen sie 20 neue Hochhausblocks bauen.

Antwort: Ach Quatsch! ➙

   ➙ Ich habe im Fernsehen gesehen: Man restauriert gerade die Petrikirche.

Antwort: Ja, Kastanienbäume. ➙

   ➙ Mein Freund sagt: Sie wollen am Sonntag das Haus in der Waldemarstraße 15 besetzen.

Antwort: Ja, ich finde auch. ➙

   ➙ In der Zeitung steht: Man vergrößert zur Zeit den Hauptbahnhof.

Antwort: Nein (diesen Monat schon). ➙

   ➙ In der Zeitung steht: Die Opposition will den Bürgermeister stürzen.

1. Erfindungen

> *Redemittel:*
>
> A: Wann wurde das Papier erfunden? – B: …
> A: Und von wem (wurde es erfunden)? /
>   Und wer hat es erfunden? – B: …

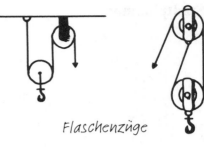

Flaschenzüge

Erfindung	Datum	Erfinder
Die Multipliziermaschine	3000 v. Chr.	Nobel
Die Straßenbahn	250 v. Chr.	Henlein
Das Segelschiff	1. Jh.	Braun
Die Dampfmaschine	1445	Ägypter
Der Flaschenzug	1510	Watt
Die Fernrakete	1674	Archimedes
Die Taschenuhr	1765	Siemens
Die Buchdruckerkunst	1867	Chinese Ts'ai Lun
Das Dynamit	1881	Leibniz
Das Papier	1942	Gutenberg

2. Entdeckungen

> *Redemittel:*
>
> A: Wann wurde Alaska entdeckt? – B: …
> A: Und von wem (wurde es entdeckt)? /
>   Und wer hat es entdeckt? – B: …

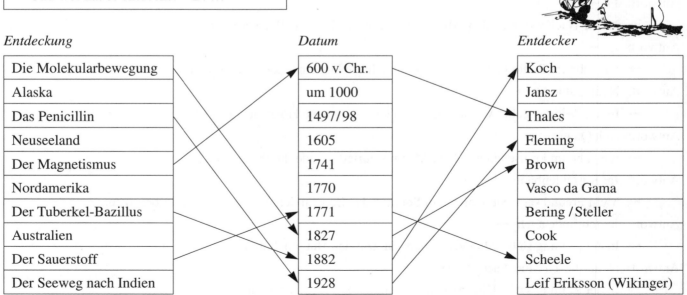

Entdeckung	Datum	Entdecker
Die Molekularbewegung	600 v. Chr.	Koch
Alaska	um 1000	Jansz
Das Penicillin	1497/98	Thales
Neuseeland	1605	Fleming
Der Magnetismus	1741	Brown
Nordamerika	1770	Vasco da Gama
Der Tuberkel-Bazillus	1771	Bering / Steller
Australien	1827	Cook
Der Sauerstoff	1882	Scheele
Der Seeweg nach Indien	1928	Leif Eriksson (Wikinger)

1. Erfindungen

> *Redemittel:*
>
> A: Wann wurde das Papier erfunden? – B: …
> A: Und von wem (wurde es erfunden)? /
>   Und wer hat es erfunden? – B: …

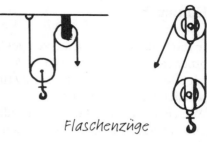

Flaschenzüge

Erfindung

| Die Multipliziermaschine |
| Die Straßenbahn |
| Das Segelschiff |
| Die Dampfmaschine |
| Der Flaschenzug |
| Die Fernrakete |
| Die Taschenuhr |
| Die Buchdruckerkunst |
| Das Dynamit |
| Das Papier |

Datum

| 3000 v. Chr. |
| 250 v. Chr. |
| 1. Jh. |
| 1445 |
| 1510 |
| 1674 |
| 1765 |
| 1867 |
| 1881 |
| 1942 |

Erfinder

| Nobel |
| Henlein |
| Braun |
| Ägypter |
| Watt |
| Archimedes |
| Siemens |
| Chinese Ts'ai Lun |
| Leibniz |
| Gutenberg |

2. Entdeckungen

> *Redemittel:*
>
> A: Wann wurde Alaska entdeckt? – B: …
> A: Und von wem (wurde es entdeckt)? /
>   Und wer hat es entdeckt? – B: …

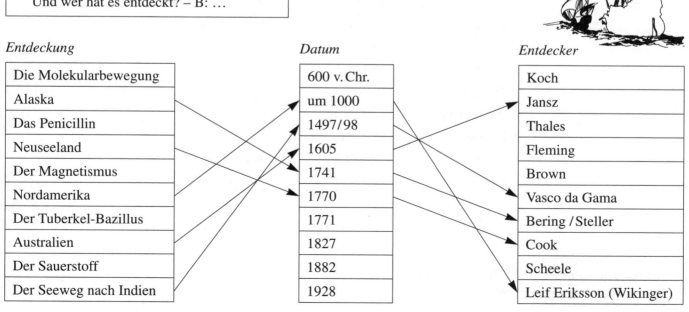

Entdeckung

| Die Molekularbewegung |
| Alaska |
| Das Penicillin |
| Neuseeland |
| Der Magnetismus |
| Nordamerika |
| Der Tuberkel-Bazillus |
| Australien |
| Der Sauerstoff |
| Der Seeweg nach Indien |

Datum

| 600 v. Chr. |
| um 1000 |
| 1497/98 |
| 1605 |
| 1741 |
| 1770 |
| 1771 |
| 1827 |
| 1882 |
| 1928 |

Entdecker

| Koch |
| Jansz |
| Thales |
| Fleming |
| Brown |
| Vasco da Gama |
| Bering / Steller |
| Cook |
| Scheele |
| Leif Eriksson (Wikinger) |

Einbruch

In die Villa des Präsidenten ist gestern Abend einge-
brochen worden. Sofort ist die Polizei erschienen und
hat alles untersucht, um herauszufinden, was der Einbrecher eigentlich wollte.
Auch der Privatdetektiv des Präsidenten ist gekommen
und hat sich alles genau angesehen.
Nun hat aber die Polizei andere Entdeckungen gemacht
als der Detektiv.
Beide wollen jetzt ihre Informationen austauschen.

Sie sind ein Polizist / eine Polizistin.
Fragen Sie Ihren Partner / Ihre Partnerin und kreuzen
Sie die Antworten an.

> *Redemittel:*
>
> A: Ist die Tür geöffnet worden?
> B: Ja./Nein.

		Ja	Nein
Tür	geöffnet		
Schlüssel	benutzt	✗	
Schloss	aufgebrochen		✗
Fensterscheibe	eingeschlagen		
Schubladen	aufgebrochen		
Geld	gestohlen		✗
Schallplatten	entwendet		
Telefonleitung	zerschnitten	✗	
Plakate	zerrissen		✗
Möbel	verrückt		
Schmuck	gestohlen		
Tresor	geknackt	✗	
Aktenmappe	entwendet		
Fenster	geöffnet		✗
Strom	abgestellt	✗	
Hund	betäubt		

> *Fragen:* Wie kam der Einbrecher in das Haus?
>   Was hat er gestohlen?

Einbruch

In die Villa des Präsidenten ist gestern Abend einge-
brochen worden. Sofort ist die Polizei erschienen und
hat alles untersucht, um herauszufinden, was der Einbrecher eigentlich wollte.
Auch der Privatdetektiv des Präsidenten ist gekommen
und hat sich alles genau angesehen.
Nun hat aber die Polizei andere Entdeckungen gemacht
als der Detektiv.
Beide wollen jetzt ihre Informationen austauschen.

Sie sind der Detektiv.
Fragen Sie Ihren Partner/Ihre Partnerin und kreuzen
Sie die Antworten an.

Redemittel:

A: Ist die Tür geöffnet worden?
B: Ja./Nein.

		Ja	Nein
Tür	geöffnet	✗	
Schlüssel	benutzt		
Schloss	aufgebrochen		
Fensterscheibe	eingeschlagen		✗
Schubladen	aufgebrochen	✗	
Geld	gestohlen		
Schallplatten	entwendet		✗
Telefonleitung	zerschnitten		
Plakate	zerrissen		
Möbel	verrückt		✗
Schmuck	gestohlen		✗
Tresor	geknackt		
Aktenmappe	entwendet	✗	
Fenster	geöffnet		
Strom	abgestellt		
Hund	betäubt	✗	

Fragen: Wie kam der Einbrecher in das Haus?
         Was hat er gestohlen?

Erziehung

Wie war das noch, als Sie ein Kind waren? Können Sie sich noch daran erinnern?
Beantworten Sie zuerst die folgenden Fragen stichwortartig, dann fragen Sie Ihren Partner/Ihre Partnerin.
Sie können antworten, was Sie wollen.

	Sie	Ihr/e Partner/in
1. Waren Ihre Eltern streng?		
2. Wurden Sie von Ihren Eltern geschlagen?		
3. Halfen Ihre Eltern Ihnen bei den Hausaufgaben?		
4. Wohin gingen Ihre Eltern mit Ihnen spazieren?		
5. Um wie viel Uhr mussten Sie ins Bett?		
6. Was bekamen Sie zum Geburtstag?		
7. Unterhielten sich Ihre Eltern viel mit Ihnen? Worüber?		
8. Konnten Sie auch mit ihnen über sexuelle Dinge sprechen?		
9. Wie wurden Sie bestraft?		
10. Hatten Ihre Eltern viel Zeit für Sie übrig?		
11. Versuchten Ihre Eltern, Sie zu verstehen?		
12. Was durften Sie bei Tisch nicht tun?		
13. Wurden Sie verwöhnt?		
14. Wobei mussten Sie Ihren Eltern helfen?		

Was fanden Sie gut? Was würden Sie heute anders machen?

Erziehung

Wie war das noch, als Sie ein Kind waren? Können Sie sich noch daran erinnern?
Beantworten Sie zuerst die folgenden Fragen stichwortartig, dann fragen Sie Ihren Partner/Ihre Partnerin.
Sie können antworten, was Sie wollen.

	Sie	Ihr/e Partner/in
1. Waren Ihre Eltern streng?		
2. Wurden Sie von Ihren Eltern geschlagen?		
3. Halfen Ihre Eltern Ihnen bei den Hausaufgaben?		
4. Wohin gingen Ihre Eltern mit Ihnen spazieren?		
5. Um wie viel Uhr mussten Sie ins Bett?		
6. Was bekamen Sie zum Geburtstag?		
7. Unterhielten sich Ihre Eltern viel mit Ihnen? Worüber?		
8. Konnten Sie auch mit ihnen über sexuelle Dinge sprechen?		
9. Wie wurden Sie bestraft?		
10. Hatten Ihre Eltern viel Zeit für Sie übrig?		
11. Versuchten Ihre Eltern, Sie zu verstehen?		
12. Was durften Sie bei Tisch nicht tun?		
13. Wurden Sie verwöhnt?		
14. Wobei mussten Sie Ihren Eltern helfen?		

Was fanden Sie gut? Was würden Sie heute anders machen?

47A Anteilnahme zeigen / Hilfe anbieten

Redemittel:
– Das tut mir aber Leid.
– Das ist mir auch schon passiert.
– Das kenne ich.
– Ach, das ist doch nicht so schlimm.
– Kann ich dir / Ihnen irgendwie helfen?

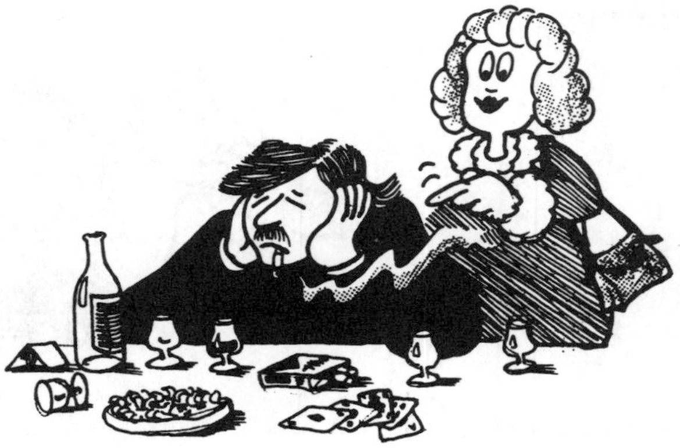

Situation 1 und 3

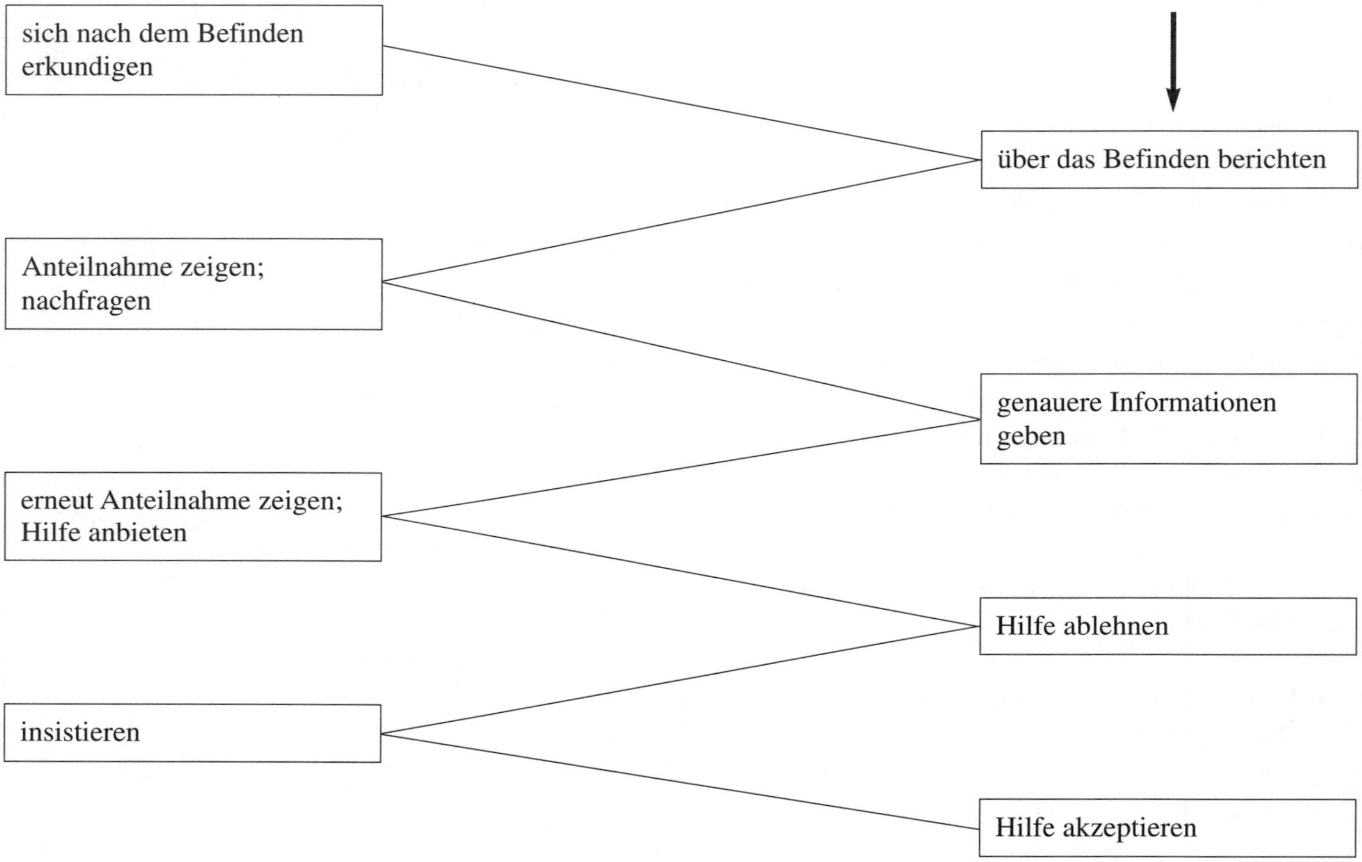

sich nach dem Befinden erkundigen
über das Befinden berichten
Anteilnahme zeigen; nachfragen
genauere Informationen geben
erneut Anteilnahme zeigen; Hilfe anbieten
Hilfe ablehnen
insistieren
Hilfe akzeptieren

Situation 1:

Sie wollten am Wochenende Ihre Familie besuchen fahren. Sie haben am Freitagabend (heute) den letzten Zug verpasst und müssen nun bis morgen früh (Samstag) warten. Das ist sehr unangenehm, denn man wartet auf Sie, weil es ein Familienproblem zu besprechen gibt. Ihre Familie hat kein Telefon.

Situation 3:

Sie sind zum zweiten Mal in der Fahrprüfung durchgefallen. So viel Geld hat das gekostet! Zu Hause wird man bestimmt über Sie lachen.
„Der Idiot / Die Idiotin lernt das nie!“, werden alle sagen. Was kann man da machen?

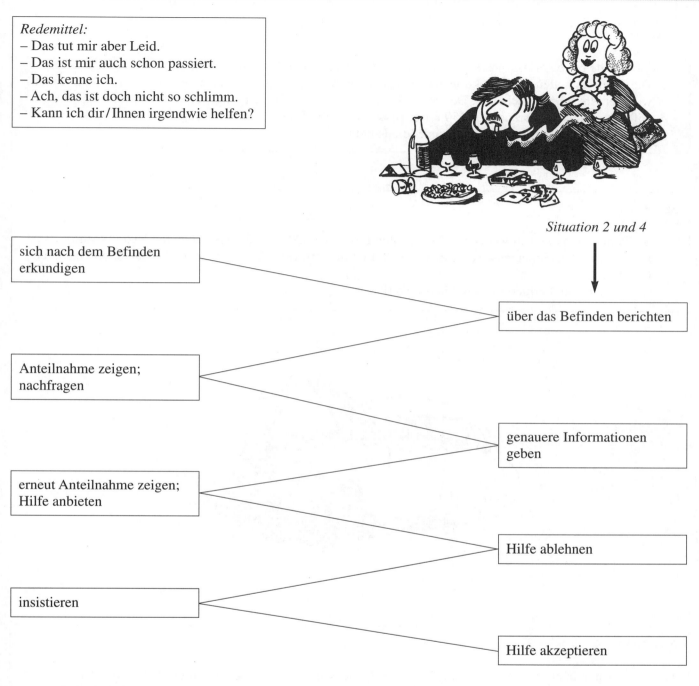

Redemittel:
- Das tut mir aber Leid.
- Das ist mir auch schon passiert.
- Das kenne ich.
- Ach, das ist doch nicht so schlimm.
- Kann ich dir / Ihnen irgendwie helfen?

Situation 2 und 4

sich nach dem Befinden erkundigen	über das Befinden berichten
Anteilnahme zeigen; nachfragen	genauere Informationen geben
erneut Anteilnahme zeigen; Hilfe anbieten	Hilfe ablehnen
insistieren	Hilfe akzeptieren

Situation 2:

Sie sind sehr traurig, weil Sie heute Ihr Portemonnaie mit Ihrem ganzen Geld (750 Euro) verloren haben. Sie wollten für Ihre Mutter eine Waschmaschine kaufen, und den Rest des Geldes brauchen Sie zum Leben bis zum Ende des Monats.

Situation 4:

Ihr einziger Freund, Ihr Kanarienvogel, ist weggeflogen. Als Sie gestern nach Hause kamen, bemerkten Sie, dass Sie das Fenster nicht zugemacht hatten. Jetzt sind Sie ganz allein und haben niemanden mehr zum Sprechen.

Szene 1:

Sie arbeiten in einer Autowerkstatt. Ein Kunde / Eine Kundin kommt seinen / ihren Volkswagen abholen. Die Bremsen hatten nicht funktioniert. Sie haben die Bremsen repariert und einen neuen Motor eingebaut, weil der alte sehr schlecht war. Der neue Motor ist viel besser für den Wagen. Der neue Motor kostet 1500 Euro, die Bremsreparatur 150 Euro, zusammen 1650 Euro.
Ihr Partner / Ihre Partnerin ist der Kunde / die Kundin.

Szene 2:

Sie kommen in die Autowerkstatt. Sie möchten Ihren Fiat 600 abholen. Sie haben ihn letzte Woche hergebracht. Die Scheibenwischer hatten nicht funktioniert. Der Fiat ist erst einen Monat alt und hat noch Garantie.
Ihr Partner / Ihre Partnerin arbeitet in der Werkstatt.

Szene 3:

Sie arbeiten in einer Autowerkstatt. Ein Kunde / Eine Kundin kommt seinen / ihren BMW abholen. Er / Sie hatte gesagt: „Der Motor macht immer so komische Geräusche, das ist nicht normal." Sie haben das Geräusch auch gehört, aber das kann man nicht reparieren. Ihre Arbeit mit dem BMW kostet 70 Euro.
Ihr Partner / Ihre Partnerin ist der Kunde / die Kundin.

Szene 4:

Sie kommen in die Autowerkstatt. Sie wollen Ihren Peugeot 206 abholen. Der Wagen fuhr nicht mehr. Die Batterie konnte es nicht sein, denn die Scheinwerfer hatten funktioniert. Öl fehlte auch nicht.
Ihr Partner / Ihre Partnerin ist der Mechaniker / die Mechanikerin.

Szene 1:

Sie kommen in die Autowerkstatt. Sie wollen Ihren Volkswagen abholen. Die Bremsen waren kaputt und sollten repariert werden. Der Mechaniker hatte gesagt: „Das wird ungefähr 150 Euro kosten."
Ihr Partner / Ihre Partnerin arbeitet in der Werkstatt.

Szene 2:

Sie arbeiten in einer Autowerkstatt. Ein Kunde / Eine Kundin kommt seinen / ihren Fiat 600 abholen. Die Scheibenwischer hatten nicht funktioniert. Es gibt jetzt ein kleines Problem: Ein Kollege von Ihnen, ein Mechaniker, hat eine Probefahrt mit dem Fiat gemacht und hatte einen Unfall. Der Wagen ist ziemlich kaputt. Eine Reparatur würde ungefähr 4000 Euro kosten.
Ihr Partner / Ihre Partnerin ist der Kunde / die Kundin.

Szene 3:

Sie kommen in die Autowerkstatt. Sie wollen Ihren BMW abholen. Der Motor hatte immer Geräusche gemacht, die nicht normal sind. Das sollte der Mechaniker reparieren. Vor zwei Wochen haben Sie den Wagen gebracht.
Ihr Partner / Ihre Partnerin ist der Mechaniker / die Mechanikerin.

Szene 4:

Sie arbeiten in einer Autowerkstatt. Ein Kunde / Eine Kundin kommt seinen / ihren Peugeot 206 abholen. Der Wagen fuhr nicht mehr. Sie haben 5 Stunden lang den Schaden gesucht, den Motor demontiert usw. Dann hatten Sie den Schaden: Der Wagen hatte kein Benzin mehr. Fünf Stunden Arbeitszeit, jede 40 Euro, das macht 200 Euro.
Ihr Partner / Ihre Partnerin ist der Kunde / die Kundin.

Sie haben mit Ihrem Partner / Ihrer Partnerin ein Problem zu lösen:

Ein Bauer hat einen Wolf, eine Ziege und einen großen Kohl. Er muss nun einen Fluss überqueren, weil er den Wolf, die Ziege und den Kohl auf der anderen Seite des Flusses auf dem Markt verkaufen will. Es führt keine Brücke über den Fluss. Es gibt nur ein sehr kleines Boot. Das Boot ist so klein, dass der Bauer immer nur entweder mit dem Wolf allein oder mit der Ziege allein oder mit dem Kohl allein im Boot fahren kann. Er muss also den Fluss mehrmals überqueren, aber: Der Wolf darf nicht mit der Ziege allein bleiben, weil er sie töten würde, und die Ziege darf nicht mit dem Kohl allein bleiben, weil sie ihn fressen würde. Der arme Bauer muss sieben Mal über den Fluss fahren.

Sie haben hier die Zeichnungen von drei Überfahrten. Ihr Partner / Ihre Partnerin hat Zeichnungen von drei anderen Überfahrten. Die letzte Überfahrt fehlt. Erzählen Sie Ihrem Partner / Ihrer Partnerin, was auf Ihren Zeichnungen zu sehen ist, und hören Sie seine / ihre Beschreibungen. Als Erstes müssen Sie herausfinden, welche die erste Überfahrt ist. Diskutieren Sie dann die weitere Reihenfolge.

Benutzten Sie im Gespräch mit Ihrem Partner / Ihrer Partnerin:

– zuerst / als Erstes
– dann / danach / als Nächstes / anschließend
– zuletzt / als Letztes / zum Schluss

Notieren Sie hier die Buchstaben in der richtigen Reihenfolge:

1	2	3	4	5	6

*Zeichnen Sie hier
die letzte Überfahrt:*

Sie haben mit Ihrem Partner/Ihrer Partnerin ein Problem zu lösen:

Ein Bauer hat einen Wolf, eine Ziege und einen großen Kohl. Er muss nun einen Fluss überqueren, weil er den Wolf, die Ziege und den Kohl auf der anderen Seite des Flusses auf dem Markt verkaufen will. Es führt keine Brücke über den Fluss. Es gibt nur ein sehr kleines Boot. Das Boot ist so klein, dass der Bauer immer nur entweder mit dem Wolf allein oder mit der Ziege allein oder mit dem Kohl allein im Boot fahren kann. Er muss also den Fluss mehrmals überqueren, aber: Der Wolf darf nicht mit der Ziege allein bleiben, weil er sie töten würde, und die Ziege darf nicht mit dem Kohl allein bleiben, weil sie ihn fressen würde. Der arme Bauer muss sieben Mal über den Fluss fahren.

Sie haben hier die Zeichnungen von drei Überfahrten. Ihr Partner/Ihre Partnerin hat Zeichnungen von drei anderen Überfahrten. Die letzte Überfahrt fehlt. Erzählen Sie Ihrem Partner/Ihrer Partnerin, was auf Ihren Zeichnungen zu sehen ist, und hören Sie seine/ihre Beschreibungen. Als Erstes müssen Sie herausfinden, welche die erste Überfahrt ist. Diskutieren Sie dann die weitere Reihenfolge.

Benutzten Sie im Gespräch mit Ihrem Partner/Ihrer Partnerin:

– zuerst/als Erstes – dann/danach/als Nächstes/anschließend – zuletzt/als Letztes/zum Schluss

Notieren Sie hier die Buchstaben in der richtigen Reihenfolge:

1	2	3	4	5	6

Zeichnen Sie hier die letzte Überfahrt:

Benutzen Sie zum Diskutieren diese Formulierungen:

> – Ich bin der Meinung, dass …
> – Ich finde, dass …
> – Meiner Meinung nach …
> – Nach meiner Ansicht …
> – Das finde ich nicht richtig, weil …
> – Da bin ich anderer Meinung: …
> – Das sehe ich anders: …
> – Damit bin ich nicht einverstanden.

1. *Überzeugen Sie Ihren Partner/Ihre Partnerin, dass die 35-Stunden-Woche mit Bezahlung für 40 Stunden besser ist als die 40-Stunden-Woche.*
   Hier sind Ihre Argumente:

   – mehr Arbeitsplätze für Arbeitslose;
   – mehr Zeit für kreative Freizeit für Arbeiter und Angestellte;
   – mehr Familienleben für Arbeiter und Angestellte;
   – kein Stress nach der Arbeit, weil mehr Zeit zum Einkaufen;
   – mehr Konsum ist gut, bringt mehr Arbeitsplätze in der Produktion.

2. *Sie finden, dass Kneipen, Bars usw. etwas sehr Positives sind.*
   Hier sind Ihre Argumente:

   – Leute trinken, lachen, spielen Karten, sind kommunikativ;
   – man lernt Leute kennen;
   – Arbeitskollegen vergessen die Hierarchie und Titel aus der Firma;
   – Väter lassen Aggressivität in der Kneipe, Familienleben wird besser;
   – man spricht bei Alkohol leichter über seine Probleme.

Benutzen Sie zum Diskutieren diese Formulierungen:

- Ich bin der Meinung, dass …
- Ich finde, dass …
- Meiner Meinung nach …
- Nach meiner Ansicht …
- Das finde ich nicht richtig, weil …
- Da bin ich anderer Meinung: …
- Das sehe ich anders: …
- Damit bin ich nicht einverstanden.

1. *Sie sind gegen die 35-Stunden-Woche mit Bezahlung für 40 Stunden. Sie finden die 40-Stunden-Woche besser.*
   Hier sind Ihre Argumente:

   - zu teuer für die Unternehmer, 35 Stunden Arbeit wie 40 Stunden zu bezahlen;
   - bringt keine neuen Arbeitsplätze, weil die Unternehmer automatisieren;
   - Zeit für kreative Freizeit ist am Wochenende und im Urlaub;
   - es gibt nur Streit, wenn die Familie zu viel zusammen ist;
   - mehr Zeit zum Einkaufen führt zur Konsumgesellschaft.

2. *Überzeugen Sie Ihren Partner / Ihre Partnerin, dass Kneipen, Bars usw. etwas Schlechtes sind.*
   Hier sind Ihre Argumente:

   - nur Konsum, nichts Produktives;
   - nur Männer, Frauen sind allein zu Haus und arbeiten;
   - Spielautomaten, Väter kommen ohne Geld nach Hause;
   - schlechte Luft, Krach, Aggressivität;
   - Familienleben geht kaputt;
   - Alkoholismus führt zu Kriminalität.

Szene 1:

Sie arbeiten in einer Reinigung. Ein Kunde / Eine Kundin kommt seine / ihre schwarze Lederjacke abholen. Er / Sie hatte gesagt: „Bitte nur einmal reinigen, nicht zweimal!" Die Jacke ist fertig. Das kostet 25 Euro.
Ihr Partner / Ihre Partnerin ist der Kunde / die Kundin.

Szene 2:

Sie kommen in die Reinigung. Sie möchten Ihre braune Weste und Ihren blauen Wintermantel abholen. Die Weste war ein bisschen schmutzig, der Mantel war sehr schmutzig. Letzten Montag hatten Sie die Sachen dagelassen. Kontrollieren Sie alles sehr gut!
Ihr Partner / Ihre Partnerin arbeitet in der Reinigung.

Szene 3:

Sie arbeiten in einer Reinigung. Eine Kundin kommt ihren Rock abholen, einen bunten karierten Sommerrock. Sie hat ihn am Dienstag gebracht. Sie haben ihn einfach gereinigt. Das kostet 9 Euro.
Ihre Partnerin ist die Kundin.

Szene 4:

Sie kommen in die Reinigung. Sie wollen für Ihren Mann den grauen Anzug abholen, das heißt: das Jackett, die Hose, die Weste. Man hat letzte Woche gesagt: „Das Jackett wird 12 Euro kosten, die Hose 10 Euro, die Weste 6 Euro." Ihr Mann braucht den Anzug heute Abend für einen Kongress. Kontrollieren Sie alles sehr gut!
Ihr Partner / Ihre Partnerin arbeitet in der Reinigung.

Szene 5:

Sie arbeiten in einer Reinigung. Ein Kunde / Eine Kundin möchte seinen / Ihren Pullover aus echter Island-Wolle abholen. Es gibt nun ein kleines Problem: Der Pullover ist stark eingelaufen, das heißt, er ist nur noch halb so groß wie vorher. Aber er ist sauber, und er ist nicht kaputt. Man kann ihn jetzt als Kinderpullover benutzen. Die Reinigung kostet 7 Euro.
Ihr Partner / Ihre Partnerin ist der Kunde / die Kundin.

Szene 1:

Sie kommen in die Reinigung. Sie wollen Ihre schwarze Lederjacke abholen.
Sie bekommen die Jacke zurück, aber sie ist noch schmutzig! Weil sie sehr schmutzig
war, hatten Sie gesagt: „Bitte zweimal reinigen!"
Ihr Partner/Ihre Partnerin arbeitet in der Reinigung.

Szene 2:

Sie arbeiten in einer Reinigung. Ein Kunde/Eine Kundin kommt seine/ihre Kleidung
abholen. Er/Sie hatte letzten Montag eine braune Weste dagelassen, die sehr schmutzig
war. Sie mussten die Weste zweimal reinigen. Das kostet 12 Euro.
Ihr Partner/Ihre Partnerin ist der Kunde/die Kundin.

Szene 3:

Sie kommen in die Reinigung. Sie wollen Ihren weißen Sommerrock abholen.
Sie haben ihn am Mittwoch gebracht. Sie brauchen den Rock heute Abend für eine
Party.
Ihr Partner/Ihre Partnerin arbeitet in der Reinigung.

Szene 4:

Sie arbeiten in einer Reinigung. Eine Kundin kommt einen grauen Herrenanzug
abholen. Sie haben alles zweimal gereinigt: das Jackett kostet 16 Euro, die Hose
12 Euro. Es gibt ein kleines Problem: Das Jackett hat keine Knöpfe mehr.
Ihre Partnerin ist die Kundin.

Szene 5:

Sie kommen in die Reinigung. Sie möchten Ihren Pullover aus Island-Wolle abholen.
Genau genommen ist es gar nicht Ihr Pullover, sondern der Ihrer besten Freundin,
von der Sie ihn nur geliehen hatten. Weil Sie aus Versehen ein Glas Rotwein darüber
gekippt hatten, hatten sie den Pullover zur Reinigung gegeben. Sie wollen Ihrer
Freundin den Pullover absolut sauber zurückgeben.
Ihr Partner/Ihre Partnerin arbeitet in der Reinigung.

In der Albertstraße 17, bei Bankier Abendrot, hat es einen Einbruch gegeben. Es hat aber nicht alles funktioniert. Der Einbrecher, der bekannte Knacker-Willy, sitzt jetzt im Gefängnis.
Keiner versteht richtig, was der Einbrecher gemacht hat und wie das alles passiert ist. Jeder weiß nur ein bisschen, niemand weiß alles.

Fragen Sie Ihren Partner / Ihre Partnerin und antworten Sie ihm / ihr, wenn Sie die volle Wahrheit wissen wollen.

Beispiel:

Frage: Warum hat Knacker-Willy den Einbruch gemacht?
Antwort: Er wollte nie wieder arbeiten müssen. ➙ <u>Um nie wieder arbeiten zu müssen.</u>

oder:

Frage: Wozu hat Bankier Abendrot im Haus das Licht angelassen?
Antwort: Die Leute sollten denken, dass er zu Haus ist. ➙ <u>Damit die Leute denken, dass er zu Haus ist.</u>

Frage: Wozu hat Knacker-Willy seinen Wagen in der Herzogstraße geparkt?

Frage: Wozu ist er mit Sportschuhen gekommen?

Antwort: Er wollte die Angst verlieren. ➙

Antwort: Der Hund sollte etwas zu tun haben. ➙

Frage: Warum hat er mit Handschuhen gearbeitet?

Frage: Wozu hat er das Telefonkabel durchgeschnitten?

Antwort: Er wollte das Licht nicht anmachen müssen. ➙

Antwort: Man sollte von draußen nichts sehen können. ➙

Frage: Wozu hat er eine Maske getragen?

Frage: Wozu hat er alles wieder aufgeräumt?

Antwort: Die Polizei sollte denken, es war eine Frau. ➙

Antwort: Knacker-Willy sollte das Geld nicht allein bekommen. ➙

Antwort: Er wollte das Geld nicht teilen müssen. ➙

Frage: Wozu hat die Polizei bei den Nachbarn laute Musik gemacht?

Antwort: Er wollte sich verstecken. ➙

Frage: Wozu hatte sich ein Polizist im Schrank versteckt?

Können Sie jetzt die ganze Geschichte frei erzählen?

In der Albertstraße 17, bei Bankier Abendrot, hat es einen Einbruch gegeben. Es hat aber nicht alles funktioniert. Der Einbrecher, der bekannte Knacker-Willy, sitzt jetzt im Gefängnis.
Keiner versteht richtig, was der Einbrecher gemacht hat und wie das alles passiert ist. Jeder weiß nur ein bisschen, niemand weiß alles.

Fragen Sie Ihren Partner / Ihre Partnerin und antworten Sie ihm / ihr, wenn Sie die volle Wahrheit wissen wollen.

Beispiel:

Frage: Warum hat Knacker-Willy den Einbruch gemacht?
Antwort: Er wollte nie wieder arbeiten müssen. → Um nie wieder arbeiten zu müssen.

oder:

Frage: Wozu hat Bankier Abendrot im Haus das Licht angelassen?
Antwort: Die Leute sollten denken, dass er zu Haus ist. → Damit die Leute denken, dass er zu Haus ist.

Antwort: Er wollte die Nachbarn nicht durch den Motorlärm aufwecken. →

Antwort: Er wollte schneller zu seinem Wagen laufen können. →

Frage: Warum hat er vor dem Haus eine Flasche Schnaps getrunken?

Frage: Wozu hat er 2 kg Fleisch mitgebracht?

Antwort: Er wollte keine Fingerabdrücke hinterlassen. →

Antwort: Niemand sollte die Polizei anrufen können. →

Frage: Wozu hat er sich eine Kerze mitgebracht?

Frage: Wozu hat er die Vorhänge zugemacht?

Antwort: Er wollte nicht erkannt werden. →

Antwort: Niemand sollte merken, dass ein Einbrecher da war. →

Frage: Wozu hat er ein Parfüm benutzt?

Frage: Warum hat sein Komplize die Polizei informiert?

Frage: Warum hat Knacker-Willy den Einbruch nicht zusammen mit seinem Komplizen gemacht?

Antwort: Knacker-Willy sollte denken, dass man ihn nicht hört. →

Frage: Wozu hat Knacker-Willy den Schrank aufgemacht, als der Alarm begann?

Antwort: Knacker-Willy sollte keine Chance mehr haben, wenn der Alarm anfängt. →

Können Sie jetzt die ganze Geschichte frei erzählen?

Freizeit

Ⓐ   Ⓑ

| Was machen wir heute Abend? |

| nach genaueren Informationen fragen |

**Piano-Bar
Schwabinger-Spritz'n**
Hesseloherstr. 20 / Ecke Occamstraße
Tel. 39 43 75 ab 17 Uhr
Exklusiv aus London:
Mr. Johnny Parker
Swing-Blues-Boogie-Barrelhouse
Eintritt frei!

| Vorschlag machen |

| Informationen geben |

| Vorschlag ablehnen; Gegenvorschlag machen |

PLANETARIUM i. FORUM D. TECHNIK
Deutsches Museum, Tel. 2112 5180
DIE MAUS IM MOND 9.15
STERNENHIMMEL AKTUELL 10.30
BEGEGNUNGEN
Die Multimedia-Lasershow 19.30
STARTIME LASERSHOW 20.30
SONNENFINSTERNIS
Das Naturschauspiel multimedial erleben
m. spektakulären Bildern v. 11. 8. 99, 21.30

Tivoli-Theater
Neuhauser Straße 3, Tel. 26 43 26
Kevin **Costner**, Paul **Newman**, R. W. **Penn**,
MESSAGE IN A BOTTLE Exquisite Best-
seller-Verfilmung (Weit wie das Meer)
T. 15.00 / 17.45 / 20.30 (6 J.) wertvoll - 4. Wo.
So. **SIDDHARTA** (Hermann Hesse) 11.00

| insistieren |

| Vorschlag annehmen |

| konkrete Verabredung treffen (Zeit, Ort) |

Redemittel:

Hast du nicht Lust, … zu (+ Infinitiv)?
Wollen wir nicht lieber …?
Nein, ich würde viel lieber …
Ich würde aber wirklich gern …, weil …

Freizeit

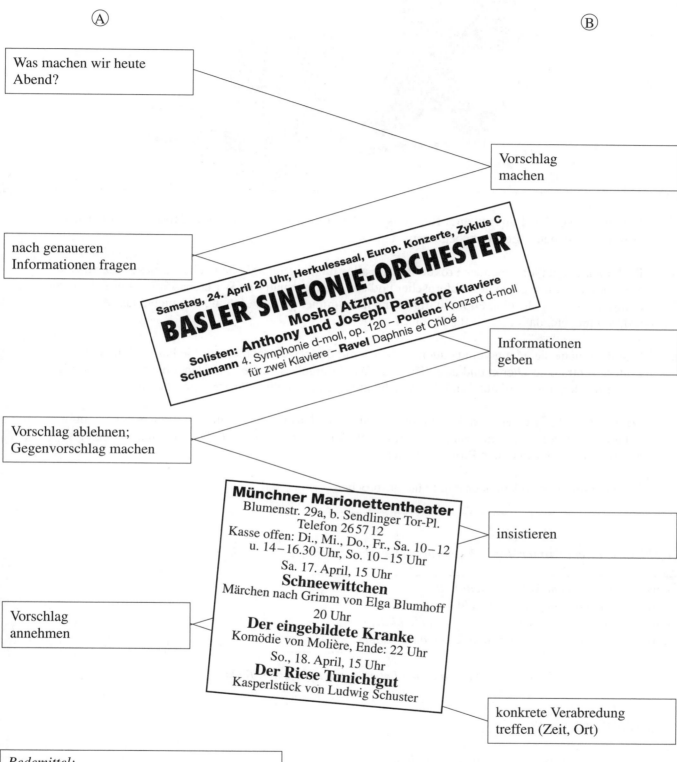

Ⓐ

Ⓑ

| Was machen wir heute Abend? |

| Vorschlag machen |

| nach genaueren Informationen fragen |

Samstag, 24. April 20 Uhr, Herkulessaal, Europ. Konzerte, Zyklus C
BASLER SINFONIE-ORCHESTER
Moshe Atzmon
Solisten: Anthony und Joseph Paratore Klaviere
Schumann 4. Symphonie d-moll, op. 120 – **Poulenc** Konzert d-moll
für zwei Klaviere – **Ravel** Daphnis et Chloé

| Informationen geben |

| Vorschlag ablehnen; Gegenvorschlag machen |

Münchner Marionettentheater
Blumenstr. 29a, b. Sendlinger Tor-Pl.
Telefon 26 57 12
Kasse offen: Di., Mi., Do., Fr., Sa. 10 – 12
u. 14 – 16.30 Uhr, So. 10 – 15 Uhr
Sa. 17. April, 15 Uhr
Schneewittchen
Märchen nach Grimm von Elga Blumhoff
20 Uhr
Der eingebildete Kranke
Komödie von Molière, Ende: 22 Uhr
So., 18. April, 15 Uhr
Der Riese Tunichtgut
Kasperlstück von Ludwig Schuster

| insistieren |

| Vorschlag annehmen |

| konkrete Verabredung treffen (Zeit, Ort) |

Redemittel:

Hast du nicht Lust, ... zu (+ Infinitiv)?
Wollen wir nicht lieber ...?
Nein, ich würde viel lieber ...
Ich würde aber wirklich gern ..., weil ...

Die 36-jährige Hausfrau Annegret Bukowski hat beschlossen, ihre gesicherte Existenz hinter sich zu lassen und ein neues Leben zu beginnen.

Ihr Mann, ein gutverdienender Prokurist, hatte alles für sie getan. Sie hatte ein eigenes Auto, einen Schäferhund, einen eigenen Farbfernseher und eine vollautomatische Waschmaschine. Außerdem kam dreimal in der Woche eine Putzfrau. Ihr Mann hatte immer gesagt: „Ich möchte nicht, dass du arbeitest. Ich möchte, dass du Zeit für dich hast."

Und dann hatte sie genug vom bequemen Leben mit der perfekten Technik. Sie hat ihr Auto einer Lotteriezentrale geschenkt und ihren Hund im Wald freigelassen. Den Fernseher hat sie relativ billig einem Kindergarten verkauft, und die Waschmaschine hat sie ihrer Putzfrau geschenkt.

Dann hat sie ihre Koffer gepackt, ist morgens aus dem Haus gegangen und hat ihren Mann allein gelassen. Sie ist mit dem nächsten Flugzeug nach Zentralafrika geflogen. Dort arbeitet sie jetzt als Krankenschwester in einem Provinzkrankenhaus.

Sie hatte mit niemandem über ihre Pläne gesprochen.

Erzählen Sie Ihrem Partner/Ihrer Partnerin die Geschichte und fragen Sie ihn/sie,

> *– was er/sie mit dem Auto gemacht hätte,*
> *– was er/sie mit dem Hund gemacht hätte,*
> *– was er/sie mit dem Farbfernseher gemacht hätte,*
> *– was er/sie mit der Waschmaschine gemacht hätte,*

wenn er/sie genug gehabt hätte vom bequemen Leben mit der perfekten Technik.

Fragen Sie ihn/sie auch,

> *– ob er/sie den Ehepartner allein gelassen hätte,*
> *– ob er/sie nach Zentralafrika geflogen wäre,*
> *– ob er/sie mit jemandem über seine/ihre Pläne gesprochen hätte.*

Notieren Sie die Antworten in Stichworten und erzählen Sie dann der Klasse, was Ihr Partner/Ihre Partnerin gemacht hätte.

Der 18-jährige Schüler eines Gymnasiums, Roland Schäfer, stand ein halbes Jahr vor dem Abitur. Das Abitur ist notwendig, wenn man studieren will.

Er war ein guter Schüler; in Biologie und Mathematik hatte er sogar die besten Noten. Für Biologie interessierte er sich besonders. Zu Hause hatte er zwei Aquarien mit exotischen Fischen, ein Terrarium mit giftigen Kobras, eine zwölfteilige Enzyklopädie der Botanik, und am Fenster stand eine große Kakteensammlung. Seine Eltern hatten ihm immer alle Bücher über Botanik und Zoologie geschenkt.

Ganz plötzlich hatte er keine Lust mehr, ein Spezialist, ein „Fachidiot" zu werden und Karriere zu machen. Er hat seine exotischen Fische einem zoologischen Geschäft verkauft und die Kobras im Garten seiner Eltern freigelassen. Die Enzyklopädie der Botanik hat er seinem Biologielehrer geschenkt, und die Kakteen hat er der Stadt für den Stadtpark verkauft.

Dann hat er kurz vor dem Abitur die Schule verlassen, ist nach Südamerika gefahren und macht dort Sozialarbeit.

Er hatte mit niemandem über seine Pläne gesprochen.

Erzählen Sie Ihrem Partner / Ihrer Partnerin die Geschichte und fragen Sie ihn / sie,

> *– was er / sie mit den exotischen Fischen gemacht hätte,*
> *– was er / sie mit den giftigen Kobras gemacht hätte,*
> *– was er / sie mit der Enzyklopädie der Botanik gemacht hätte,*
> *– was er / sie mit den Kakteen gemacht hätte,*

wenn er / sie keine Lust mehr gehabt hätte, Karriere zu machen.

Fragen Sie ihn / sie auch,

> *– ob er / sie die Schule kurz vor dem Abitur verlassen hätte,*
> *– ob er / sie nach Südamerika geflogen wäre,*
> *– ob er / sie mit jemandem über seine / ihre Pläne gesprochen hätte.*

Notieren Sie die Antworten in Stichworten und erzählen Sie dann der Klasse, was Ihr Partner / Ihre Partnerin gemacht hätte.

1. Sie brauchen dringend eine 3-Zimmer-Wohnung. Sie sollte <u>mindestens 70 Quadratmeter</u> haben, aber die monatliche Miete darf <u>nicht mehr als 900 Euro</u> betragen. Die Wohnung muss <u>Zentralheizung</u> und einen <u>Balkon</u> haben. Wenn die Wohnung weiter oben liegt, wäre ein Lift sehr gut, muss aber nicht sein. Sie brauchen aber eine <u>Garage</u>, und die Wohnung muss <u>in ruhiger Lage</u> sein, weil Sie nervenkrank sind.

Sie gehen in ein Immobilienbüro und informieren sich, was es gibt.

Ihr Partner / Ihre Partnerin arbeitet im Immobilienbüro. Wenn Sie eine Wohnung finden, wie Sie sie wünschen, notieren Sie die Daten.

2. Sie arbeiten in einem Immobilienbüro. Ein Kunde / Eine Kundin kommt und möchte Informationen. Hier sind die Wohnungen, die Sie anzubieten haben:

2-ZW, Kü., Bad, ZH, 43 m², Miete 450,–/NK 250,– zuzügl. 2 Mo.-Miet. Prov., **Ochsenzollern-Immobilien**, Tel. 47 89 20

Preungesheim, kl. 2-ZW, Kü., Bad, ZH, 280,–/NK/Kt. Schwarz Immobilien, Telefon 49 37 64

2-ZW, Oberursel, 50 m², Balk., 350,– **Gaiser Immobilien,** T. 0 61 71/5 30 35

Schöne 2-ZW, 70 m², Einb.-Kü., Küchenbar, gr. Blk., Wz. 32 m², Gar., OF, 620/NK/Kt. Lefra-Immobilien, 44 50 77-78

2-ZW, Oberrad, Bad, ZH, Blk., 350,–/NK/Kt., Neuhaus Immobilien, Tel. 43 54 31

Geräum. 2-ZW, 65 m², gr. Kü., Balkon, ZH, Einb.-Schr., Tel., F-Bornheim, 450/NK/Kt., Lefra-Immobilien, Telefon 44 50 77-78

Komf. 2-ZW, Oberursel/Ts., Einb.-Kü., Balkon, Teppich, ZH, Bad, 580/NK/Kt. Lefra-Immobilien, Telefon 44 50 77-78

2-ZW, Offenb., Bad, Hz., 325,–/NK/Kt. Neuhaus Immobilien, 44 64 60

Gemütl. 2-ZW, Nähe Holzhausenpark, Studio, Einb.-Kü., ZH, DB, 50 m², 400 / NK / Kt. Lefra-Immobilien, T. 44 50 77-78

Versuchen Sie, dem Kunden / der Kundin eine Wohnung zu vermieten.

2-ZW	= 2-Zimmer-Wohnung	Kt.	= Kaution
5. St.	= 5. Stock	Kü.	= Küche
Blk.	= Balkon	Mo.-Miet.	= Monatsmiete
DB	= Duschbad	NK	= Nebenkosten
Einb.-Schr.	= Einbau-Schrank	OF	= Ofenheizung
Gar.	= Garage	Prov.	= Provision
gr.	= groß	Wz.	= Wohnzimmer
kl.	= klein(e)	ZH	= Zentralheizung

1. Sie arbeiten in einem Immobilienbüro. Ein Kunde / Eine Kundin kommt und möchte Informationen. Hier sind die Wohnungen, die Sie anzubieten haben:

3-ZW, Stadtrand, ca. 72 m², Bad, ZH, Blk., Tiefgar., Miete 465,– u. NK / Kt., **Wohnungsvermittlung Hyän + Co. GmbH,** Tel. (06 11) 38 40 40

3-ZW, Ffm., Nä. Beethovenplatz, Kü., Bad, WC extra, Loggia, teilrenoviert, sof., ruh. Lage, 900,–/ NK/Kt., NEIS-Immobilien, Wiesenau 55. TEL. 72 54 47

3-ZW, ca. 89 m², Bad, ZH, Blk., Lift, Miete 850,– u. NK / Kt., **Wohnungsvermittlung Hyän + Co. GmbH,** Tel. (06 11) 38 40 40

3-ZW, Ffm.-Sachsenhausen, ruh. Lage, (2-Fam.-Hs.), Öl-ZH, Terr., Gartenbenutz., Pkw-Pl., Wfl. 100 m², mtl. 1300,– zzgl. NK/Kt., sof. **C. B. BESSLER-Immobilien GmbH,** Tel. 06 11/ 29 10 36 (RDM)

Komf. 3-ZW, 82 m², F.-Oberrad, ruh. Lage, NB, Blk., Tepp. u. Park., ZH (Garage), 850/NK/Kt., Lefra-Immobilien, 44 50 77-78

Ruh. 3-ZW, 85 m², 2-Fam.-Hs., ZH, Blk., Miete 700,– pl. NK / Kt., **Haifisch-Immobilien,** Tel. 69 28 04

Mod. 3-ZW, Einb.-Kü., Blk., Parkett (Garage), F-Bonames (U-Bahn), 720,–/NK/Kt., Lefra-Immobilien, T. 44 50 77-78

3-Zi.-Etg.-Wohnung, Nähe Zentrum, Küche, Bad mit WC, 2 Balkone, Zentralhzg., ca. 65 m², ab sofort zu vermieten, mtl. Miete 580,– zzgl. NK + Kt., Tel. 52 19 11

Versuchen Sie, dem Kunden / der Kundin eine Wohnung zu vermieten.

3-ZW	= 3-Zimmer-Wohnung	Park.	= Parkett
Blk.	= Balkon	Pkw.Pl.	= Personenkraftwagen-Platz (Parkplatz)
Einb.-Kü.	= Einbau-Küche	pl.	= plus
Etg.	= Etage(n)	ruh.	= ruhig
Fam.	= Familie	sof.	= sofort
Hs.	= Haus	Tepp.	= Teppichboden
komf.	= komfortabel	Terr.	= Terrasse
Kt.	= Kaution	Tiefgar.	= Tiefgarage
mtl.	= monatlich	Wfl.	= Wohnfläche
Nä.	= Nähe	ZH	= Zentralheizung
NB	= Neubau	zzgl.	= zuzüglich

2. Sie suchen eine 2-Zimmer-Wohnung. Sie sollte mindestens 50 Quadratmeter haben, darf aber nicht mehr als 550 Euro monatlich kosten. Es wäre gut, wenn zur Wohnung eine Garage gehören würde, das muss aber nicht sein. Die Wohnung muss aber Zentralheizung haben und einen Balkon, weil Sie gern im Freien frühstücken. Sie gehen in ein Immobilienbüro und informieren sich, was es gibt.
Ihr Partner / Ihre Partnerin arbeitet im Büro. Wenn Sie eine Wohnung finden, wie Sie sie wünschen, notieren Sie die Daten.

Zuerst beschreiben Sie Ihrem Partner/Ihrer Partnerin ein Bild: Wenn er/sie meint, es gefunden zu haben (er/sie kann nachfragen), geben Sie ihm/Ihr die entsprechende Nummer an und notieren seinen/ihren Buchstaben in der Tabelle. Dann kann er/sie ein Bild beschreiben. Beschreiben Sie so abwechselnd alle Bilder und notieren Sie immer die entsprechenden Buchstaben. Am Ende vergleichen Sie das Ergebnis.

> *Redemittel:*
>
> – Das erste Bild könnte ein(e) … sein.
> – Das erste Bild sieht aus wie ein(e) … .
> – Auf dem ersten Bild sieht man so etwas wie ein(e) … .
> – Das erste Bild sieht einem/einer … ähnlich, nur hat es … .

Sie	1	2	3	4	5	6	7	8	9	10	11	12	13	14	15	16	17	18	19	20
Ihr/e Partner/in																				

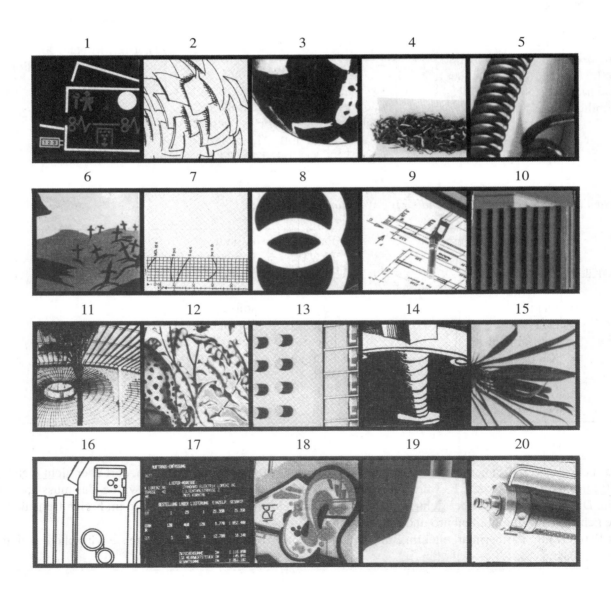

Ihr Partner/Ihre Partnerin beschreibt Ihnen zuerst ein Bild. Wenn Sie meinen, es gefunden zu haben (Sie können nachfragen), geben Sie ihm/ihr den entsprechenden Buchstaben an und notieren seine/ihre Nummer in der Tabelle. Dann können Sie ein Bild beschreiben. Beschreiben Sie so abwechselnd alle Bilder und notieren Sie immer die entsprechenden Zahlen. Am Ende vergleichen Sie das Ergebnis.

Redemittel:

– Das erste Bild könnte ein(e) … sein.
– Das erste Bild sieht aus wie ein(e) … .
– Auf dem ersten Bild sieht man so etwas wie ein(e) … .
– Das erste Bild sieht einem/einer … ähnlich, nur hat es … .

Ihr/e Partner/in																				
Sie	A	B	C	D	E	F	G	H	I	J	K	L	M	N	O	P	Q	R	S	T

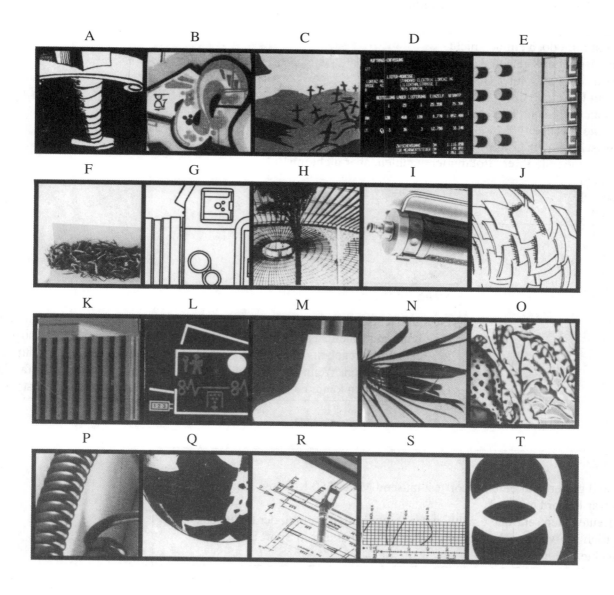

Benutzen Sie zum Streiten diese Formulierungen:

– Das stimmt doch einfach nicht!
– Sie wissen ganz genau, dass das nicht stimmt!
– Das ist doch absoluter Quatsch!
– So ein Unsinn!
– So einen Blödsinn habe ich noch nicht gehört!
– So eine Frechheit!
– Das ist eine ganz große Unverschämtheit!
– Das können Sie Ihrer Großmutter erzählen, aber nicht mir!
– Und ich …
– Aber ich …
– Was?!

Szene 1:

Sie sind Deutschlehrer/in. Eine/r Ihrer schlechtesten Schüler/innen kommt zu Ihnen, um mit Ihnen zu sprechen. Sie haben ihm / ihr gestern einen katastrophalen Test zurückgegeben. Der hatte so viele Fehler, dass Sie keine Lust hatten, sie alle zu korrigieren. Wenn dieser Schüler / diese Schülerin, der / die auch fast kein Deutsch sprechen kann, nicht besser wird, kann er / sie nicht in die nächste Stufe.

Szene 2:

Sie sind gestern auf einem Sportfest tausend Meter in 3 Minuten gelaufen.
Das war Rekord gestern!
Sie freuten sich sehr und erzählten das Ihrem besten Freund, der nicht sehr sportlich ist, weil er sehr dick ist. In der Schule hatte er in Sport immer sehr schlechte Noten.

Benutzen Sie zum Streiten diese Formulierungen:

– Das stimmt doch einfach nicht!
– Sie wissen ganz genau, dass das nicht stimmt!
– Das ist doch absoluter Quatsch!
– So ein Unsinn!
– So einen Blödsinn habe ich noch nicht gehört!
– So eine Frechheit!
– Das ist eine ganz große Unverschämtheit!
– Das können Sie Ihrer Großmutter erzählen, aber nicht mir!
– Und ich …
– Aber ich …
– Was?!

Szene 1:

Sie lernen Deutsch und wollen mit Ihrem Lehrer / Ihrer Lehrerin sprechen. Sie sind der beste Schüler / die beste Schülerin in der Klasse und können nicht verstehen, dass Sie gestern einen sehr schlechten Test zurückbekommen haben. Sie sprechen sehr gut Deutsch und haben schon 4 Jahre Germanistik an der Universität studiert. Außerdem wollen Sie Ihren Lehrer / Ihre Lehrerin kritisieren, weil er / sie immer zu spät zum Unterricht kommt.

Szene 2:

Zu Ihnen kommt ein sehr arroganter Typ, den Sie schon sehr lange kennen.
Er glaubt, er ist immer der Beste, vermutlich hat er Komplexe.
Sie sind ein exzellenter Sportler, laufen tausend Meter in 2 Minuten, springen 6 Meter weit und können auch prima boxen.

Benutzen Sie diese Formulierungen:

– Entschuldigen Sie bitte, Sie haben vielleicht noch nicht gemerkt, dass …
– Entschuldigung, ich glaube, das muss ein Missverständnis sein.
– Verzeihung, das ist wohl ein Irrtum.
– Das ist doch unmöglich!
– Das kann gar nicht sein, weil …

Situation 1:

Sie sitzen im Theater. Es gibt „Othello" von Shakespeare. Da kommt jemand und möchte mit Ihnen sprechen. Sie sind Theaterkritiker/in für eine große Zeitung und müssen für morgen eine Kritik schreiben. Und noch etwas: Ihre Karte haben Sie vor 10 Minuten an der Kasse besonders billig bekommen.

Situation 2:

Sie fahren mit dem Nachtzug von München nach Rom. Im Schlafwagen haben Sie ein Bett für die Reise reserviert. Als Sie ins Abteil kommen, liegt da schon jemand in Ihrem Bett. Sie haben ein doppeltes Recht auf das Bett: erstens, weil Sie es reserviert haben, und zweitens, weil Sie bei der Deutschen Bundesbahn arbeiten; da haben Sie Privilegien und müssen nur 50 Prozent bezahlen. Sie haben den Platz gestern Abend in München reserviert. Bitte seien Sie höflich!

Benutzen Sie diese Formulierungen:

- Entschuldigen Sie bitte, Sie haben vielleicht noch nicht gemerkt, dass ...
- Entschuldigung, ich glaube, das muss ein Missverständnis sein.
- Verzeihung, das ist wohl ein Irrtum.
- Das ist doch unmöglich!
- Das kann gar nicht sein, weil ...

Situation 1:

Sie gehen ins Theater. „Othello" von Shakespeare. Obwohl Sie eine Platzkarte haben, sitzt jemand anders auf Ihrem Platz. Sie haben die Karte vorgestern von einem Freund gekauft, der keine Zeit hatte. Das Stück beginnt in 3 Minuten. Bitte seien Sie höflich!

Situation 2:

Sie liegen im Schlafwagen des Nachtzugs von München nach Sizilien. Sie wollen Ferien in Palermo machen oder besser: Sie sind Kommissar/in bei Interpol und sollen dort gegen die Mafia arbeiten. Ihre Fahrkarte mit Reservierung des Bettes haben Sie letzte Woche in Stockholm gekauft. Das Bett ist sehr bequem, und Sie wollen gerade einschlafen, da kommt jemand und will mit Ihnen sprechen.

Lesen Sie dieses Interview und erzählen Sie den Inhalt Ihrem Partner/Ihrer Partnerin. Aber nichts vergessen!
Dann hören Sie, was Ihr Partner/Ihre Partnerin Ihnen erzählt.

Reporter:	Frau Steinberg, Sie lernen Karate. Warum?
Luise S.:	Das hat mit meiner Lebensphilosophie zu tun. Ich sehe diesen Sport als ein Stück Philosophie an.
Reporter:	Haben Sie viel Zeit für diese „Philosophie"?
Luise S.:	Nein, ich arbeite als Angestellte an der Universität, deshalb habe ich nur abends für Karate Zeit, zweimal in der Woche.
Reporter:	Sind Sie verheiratet?
Luise S.:	Nein, ich lebe mit meinem Bruder zusammen.
Reporter:	Haben Sie noch mehr Geschwister?
Luise S.:	Nein.
Reporter:	Wie alt sind Sie?
Luise S.:	21.
Reporter:	Was machen Sie sonst in Ihrer Freizeit, wenn Sie nicht zum Karate-Kurs gehen?
Luise S.:	Am liebsten bin ich allein zu Haus in meinem Zimmer und lese.
Reporter:	Zum Schluss noch eine brisante Frage: Können Sie Menschen töten?
Luise S.:	Nein, so etwas lernen wir im Karate-Kurs nicht. Wir wollen ja nicht töten, sondern nur ein bisschen Sport treiben.
Reporter:	Frau Steinberg, ich danke Ihnen für dieses Interview.

Ihr Partner/Ihre Partnerin hat in seinem/ihrem Zeitungsartikel andere Informationen als Sie im Interview. Der Reporter hat also nicht die Wahrheit geschrieben!

Formulieren Sie alle Gegensätze zwischen Interview und Artikel mit <u>obwohl</u> oder <u>trotzdem</u>.

Lesen Sie diesen Zeitungsartikel und erzählen Sie den Inhalt Ihrem Partner/Ihrer Partnerin. Aber nichts vergessen! Dann hören Sie, was Ihr Partner/Ihre Partnerin Ihnen erzählt.

Jung, blond und gefährlich

KARATE-LUISE aus KÖLN

Die 21-jährige Studentin Luise Steinberg ist hübsch, aber gefährlich: In ihrer Freizeit lernt sie Karate. Ihr Vater ist Boxer, da ist es ja klar, dass die Tochter Karate lernt. Sie kann mit einem Fußtritt jeden töten, der sie angreift. Weil ihr Mann das weiß, sagt er nicht mehr: „Luise, mach das Essen!" Und das ist gut für Luise, denn sie lernt Karate, um Männern Angst zu machen. Nur eins macht sie traurig: In der Diskothek kennt man sie schon als Karate-Luise, niemand will mit ihr tanzen. Ihre 23-jährige Schwester Elisabeth sagt: „Schon als Kind war Luise brutal und hat nur mit Jungen gespielt."

Ihr Partner/Ihre Partnerin hat in seinem/ihrem Interview andere Informationen als Sie im Zeitungsartikel. Es gibt Reporter, die nicht die Wahrheit schreiben!

Formulieren Sie alle Gegensätze zwischen Interview und Artikel mit <u>obwohl</u> oder <u>trotzdem</u>.

1. Sie möchten gern <u>Ferien am Meer</u> machen. Aber Sie wollen nicht nur am Strand baden, sondern für die Tage mit schlechtem Wetter auch ein <u>Schwimmbad</u> in der Nähe haben. Außerdem brauchen Sie für Ihren Wagen auf jeden Fall einen <u>Parkplatz</u>. Es muss ein <u>Garten</u> da sein und Sie wollen jeden Tag <u>Tennis</u> spielen.
   Sie kommen in ein Reisebüro. Informieren Sie sich, was es gibt, und notieren Sie Name, Adresse, Telefonnummer und Preis des Hotels oder der Pension, für das oder die Sie sich entscheiden. Ihr Partner / Ihre Partnerin arbeitet im Reisebüro.

---

2. *Sie arbeiten in einem Reisebüro. Ein Kunde / Eine Kundin kommt und möchte Informationen. Hier ist Ihr Reisekatalog.*

URLAUB AN DER ITALIENISCHEN ADRIA MITTEN IM PINIENWALD, HOTEL ZADINA – 47042 CESENATICO/Zandina – wen. Meter v. Meer, Zi. m. eig. DU/WC/BALK., Hausbar, Lift, geschl. Priv. Parkpl., 10 000 m² Garten m. Tennispl., 3 Menüs z. W., Deut. Frühst. m. Käse u. Wurst o. Ei. Wochenparty, Windsurf mgl. – VP-Inkl.-Preis: 1.5. – 20.6. u. Sept. 25 Euro, 21.6. – 10.7. u. 22. – 31.8. 30 Euro, 11.7. – 21.8. 40 Euro, Kindererm. 30 – 10%. Man spr. Deutsch.
☎ 0039/547/8 64 80 od. 0039/541/94 65 74

GIULIANOVA LIDO – Abruzzen/Adria/ Italien – **HOTEL ATLANTIC**
Direkt am Meer, 2. Kat., mod., jegl. Komf., gr. Park u. Kinderspielpl. – Ideal f. Fam. – Juni, Sept. 30 Euro, Juli 35 Euro, Aug. 40 Euro., ☎ 0039/85/86 30 29. (Bis 15. 4.: 0039/461/4 73 17)

CESENATICO-VALVERDE (Adria-Ital.)
HOTEL GREEN VALLEY
Dir. am Meer. Alle Zimmer m. Bad, Balkon, Meeresbl. u. Tel., Ausgez. Küche m. Menüwahl. Überdacht. Parkpl. **VP-Sonderpreis: Mai 60 Euro, Juni u. Sept. 66 Euro.** Priv. ☎ 0541/94 56 46

LIDO DI SAVIO – Milano Marittima (Adria-Italien)
HOTEL VENUS
Direkt am Strand, Zimmer m. Bad, Tel. u. Balkon, Meeresblick. Familiäre Behandlung, Garten m. Kinderspielen, Menüauswahl, Vollpension ab 25 Euro.

HOTEL AUREA, 47041 BELLARIA (Adria-Italien) Tel. 0039/49326 – 4 74 31. Dir. am Meer. Alle Zimmer m. Du., WC u. Balkon, Meeresbl. Gr. Privatparkpl. Menüauswahl. Geräumiger Aufenthaltsraum. Bar, Terrasse, Solarium, Lift. VP: Mai b. 19. 6. u. Sept. 24 Euro; 20.6. – 31.7. u. 21.8. – 31.8. 26 Euro; 1.8. – 20.8. 28 Euro. Ausk.: ☎ **089/7 14 48 32 München**

MILANO MARITTIMA (Adria-Italien)
HOTEL TERMINUS ☎ 0039/544/99 14 73
Mod., ruh., nah am Meer, Al. Zi. m. Bad, Balk. u. Tel. Menüauswahl. Gart., Parkpl. VP: Vor- u. NS. 28 Euro; MS. 30 Euro; HS. 35 Euro. **Pfingstsonderang.** 25 Euro Ausk. u. Prosp. ☎ 089/7 14 72 83

Versuchen Sie, dem Kunden / der Kundin eine Reise zu verkaufen.

Ag.	=	Angebot	HS	=	Hauptsaison	na.	= nahe
Al.	=	Alle	incl.	=	inclusiv(e)	NS	= Nachsaison
Ausk.	=	Auskunft	jegl.	=	jeglich-	Parkpl.	= Parkplatz
ausgez.	=	ausgezeichnet-	Kat.	=	Kategorie	Priv.	= Privat
Balk.	=	Balkon	Kindererm.	=	Kinderermäßigung	Prosp.	= Prospekt
Deut.	=	Deutsch	Komf.	=	Komfort	ruh.	= ruhig
dir.	=	direkt	L.	=	Lire	spr.	= spricht
Du.	=	Dusche	Meeresbl.	=	Meeresblick	Tennispl.	= Tennisplatz
eig.	=	eigener/eigenem	Meeresn.	=	Meeresnähe	VP	= Vollpension
Frühst.	=	Frühstück	mgl.	=	möglich	wen.	= wenige
Gart.	=	Garten	mod.	=	modern	Zi.	= Zimmer
geschl.	=	geschlossen	MS	=	Mittelsaison	z.W.	= zur Wahl

1. *Sie arbeiten in einem Reisebüro. Ein Kunde / Eine Kundin kommt und möchte Informationen. Hier ist Ihr Reise-katalog.*

PENSION VILLA MORETTI
38060 VARONE / RIVA am GARDASEE (Italien)
25 Betten, alle Zim. m. DU/WC, teils m. Blick a. See, ruhige Lage in einem Park m. Schwimmbd., Tischtennis, Boc-ciabahn, in der Nähe Tennispl. für die Gäste, Grillmöglichkeit im Garten, Fam. Behandlung. **BIETET ZIMMER MIT FRÜH-STÜCK AN, u. organisiert im MAI – JUNI – SEPTEMBER SPORTWOCHEN v. Sonntag bis Sonntag: jeden Tag Tennisstunde m. Tennislehrer, Schwimmkurs m. Schwimmlehrer, Gymnastikstunde m. Gymnastiklehrer, Preis für Zim. m. reichhaltigem Frühst. u. Fitnessprogramm 160 Euro pro Woche alles inkl. Preis für Zim. m. reichhaltigem Frühst. ohne Fitnessprogramm 140 Euro pro Woche alles inkl**. Für Reserv.: ☎ **0039/464/52 02 49** mittags u. abends. Farbprospekt u. Preisl. anf.

Hotel Beaurivage – Viale Trieste – **I-61100 PESARO** (Adria) Tel. 0039/721/3 17 98–6 69 89. Telex 560062 APA (Beaurivage). Komf. Familienhotel. Dir. a. Badestrand. Frdl. Atmosphäre, tadellose Bedienung. Unsere Küche wird Sie nicht enttäuschen! Geheiztes Schwimmb. (28 Grad). Kostenlos überd. Parkplatz.

CATTOLICA (Adria/Italien) – **HOTEL COLUMBIA** – ☎ 0039/541/96 14 93. Am Meer, Zi. m. DU/WC/TEL./BALK. m. Meerbl., Lift, Bad, Garten, Parkpl., Menü – 7 Tage Vollpens. Mai. 600 Euro, Juni, Sept. 680 Euro, alles inkl.

ROL HOTEL –
47042 CESENATICO/
VALVERDE
Adria/Italien –
Viale Vernini 38,
☎ 0039/547/8 62 99
2. Kat.; 100 m v. Meer, geheiztes Schwimmb. m. Meerw. – Menü n. Wahl, deutsches Frühst. Vor-/Nachs. 36 Euro, Hochs. 44 Euro

Preise fast **ADRIA der ABRUZZEN** *wie 1991*
San Benedetto del Tronto bis Giulianova
Urlaub als Privatgast in familiär geführten Hotels, z.T. direkt am Meer. Tennis, Sw.-Pool, hoteleigene P.-Plätze. VP inkl. Strand, Liegestuhl und So.-Schirm. Aus-gez. ital. Küche. Menüwahl. Saub. Meer, mildes Klima. Saison Mai bis Sept., teilw. ganzjährig. **Auch Ferien-Wohnungen!** Katalog kostenlos: Tel. 0 70 32/41 79

LIDO DI SAVIO – **MILANO MARITTIMA** (Adria, Ital.) **HOTEL PRIMULA**
Ausk. priv. Wohn. ☎ 0039/39/36 43 16–5 44/94 91 25. Mod., ruhig, 150 m v. Meer entf. Alle Zi. m. Du., WC u. Balk. Lift, Privatparkpl., Garten, ausgez. Küche. 150 m weiter „Sporting Club" m. 14 Tennispl. u. Swimming-pool. VP vom 20. 5. bis 20. 6. u. vom 26. 8. b. 20. 9. 70/73 Euro. Vom 21. 6. b. 20. 7. 73/76 Euro. Vom 21. 7. b. 25. 8. 76/78 Euro. Inbegriffen: Kabine, Sonnenschirm, Liegestuhl am Privatstrand. **Erstattung der italienischen Autobahnkosten!**

Versuchen Sie, dem Kunden / der Kundin eine Reise zu verkaufen.

Balk.	= Balkon	Meerbl.	= Meeresblick	So.-Schirm	= Sonnenschirm
DU	= Dusche	Meerw.	= Meerwasser	Sw.-Pool	= Swimming-Pool
entf.	= entfernt	mod.	= modern	Tennispl.	= Tennisplatz
frdl.	= freundlich	P-Platz	= Parkplatz	überd.	= überdacht
Frühst.	= Frühstück	Preisl.	= Preisliste	VP	= Vollpension
Kat.	= Kategorie	saub.	= sauber	Zim.	= Zimmer

---

2. Sie wollen mit Ihren drei Kindern in Urlaub fahren. Ihr Zimmer muss <u>Bad</u> und <u>Balkon</u> haben. Außerdem wollen Sie von Ihrem Zimmer einen <u>schönen Blick auf das Meer</u> haben. Strand ist nicht so wichtig, viel wichtiger ist, dass ein Garten da ist. Ja, und die Kinder müssen natürlich <u>Möglichkeiten zum Spielen</u> haben. Sie kommen in ein Reisebüro. Informieren Sie sich, was es gibt, und wenn Sie sich entschieden haben, notieren Sie Name, Adresse, Telefonnummer und Preis des Hotels oder der Pension. Ihr Partner / Ihre Partnerin arbeitet im Reise-büro.

① Sie kommen ins Reisebüro und möchten den Rest für Ihre gebuchte Reise bezahlen. Sie haben acht Tage Badeurlaub auf Haiti gebucht. Die Karibik ist ein Paradies! Letztes Jahr waren Sie zwölf Tage auf den Bahamas. Es war wunderbar! Hin- und Rückflug nach Haiti mit Hotel und Vollpension kosten 1200 Euro, Getränke sind exklusive. 450 Euro müssen Sie noch zahlen. In fünf Tagen geht Ihr Flug. Und dann haben Sie acht Tage Strand!

② Sie arbeiten in einem Reisebüro. Es kommt ein Kunde / eine Kundin zu Ihnen, um den Rest für eine Bildungsreise nach Russland zu bezahlen (850 Euro). Jetzt gibt es aber ein kleines Problem: Der Reiseleiter der Gruppe, der perfekt Deutsch und Russisch spricht, ist plötzlich krank geworden (Tuberkulose) und kann unmöglich übermorgen mit der Gruppe fliegen. Die Gruppe muss sehen, wie sie sich allein orientiert. Billiger kann die Reise deshalb nicht werden, weil Ihr Reisebüro den kranken Reiseleiter trotzdem bezahlen muss. Dafür haben Sie aber einen Extra-Service für diese Gruppe: Heute Abend zeigen Sie 150 Diapositive über Russland (in Farbe!) als kleine Orientierungshilfe für die Reise! Versuchen Sie, den Kunden / die Kundin nicht zu verlieren.

③ Sie kommen ins Reisebüro. Sie haben für zwei Wochen einen Safari-Urlaub in Uganda gebucht. Dort wollen Sie Löwen jagen. Und Elefanten! Elefantenjagd ist Ihr liebstes Hobby. Zum Programm gehört, dass die Elefantenjagd vom fahrenden Jeep aus erfolgt. Das ist für Sie sehr wichtig, weil Sie Rheumatismus haben und sehr schlecht zu Fuß sind. Der Chauffeur ist im Preis inbegriffen. Der Preis beträgt 2100 Euro, inklusive zwei Elefantenzähne, die Sie mit nach Hause nehmen dürfen. Sie wollen jetzt die restlichen 700 Euro zahlen. In drei Tagen geht die Reise los.

④ Sie arbeiten in einem Reisebüro. Zu Ihnen kommt ein Kunde / eine Kundin, der/die eine fünftägige Kunstreise nach Madrid gebucht hat, um die restlichen 250 Euro von 750 Euro zu bezahlen. Im Preis sind inbegriffen: Zug, Hotel, Besuch des Prado (Velázquez, El Greco usw.) und Besichtigung des Gemäldes „Guernica" von Pablo Picasso. Übermorgen beginnt die Reise. Leider ist das Gemälde „Guernica" überraschend für ein halbes Jahr nach New York zu einer Ausstellung gebracht worden und kann jetzt nicht besichtigt werden. Ein anderes Problem ist, dass einige Bilder von Velázquez restauriert werden und man nicht weiß, wann sie fertig sind. Dafür haben Sie als Alternative etwas Sensationelles anzubieten: Zurzeit befindet sich in Madrid eine internationale Ausstellung über abstrakte Kunst des 20. Jahrhunderts, die aber in drei Tagen zu Ende geht. Der Preis bleibt der Gleiche, weil auch dieser Besuch organisiert werden muss. Versuchen Sie, den Kunden / die Kundin nicht zu verlieren.

① Sie arbeiten in einem Reisebüro. Zu Ihnen kommt ein Kunde/eine Kundin, der/die seine/ihre Reise nach Haiti bestätigen und die restlichen 450 Euro zahlen will. Die ganze Reise kostet 1200 Euro. Leider hat die Fluggesellschaft, die Ihre Karibikflüge gemacht hatte, Pleite gemacht. Alle Reisen in die Karibik müssen jetzt storniert werden. Als Alternative bieten Sie dem Kunden/der Kundin an: 10 Tage Badeurlaub am Suez-Kanal. Dabei sind inklusive: ein Tagesausflug nach Kairo, ein Ausflug bei Nacht zu den Pyramiden und eine Spazierfahrt mit Musik und Lampions auf dem Suez-Kanal. Der Preis bleibt für diese Reise 1200 Euro. Versuchen Sie, den Kunden/die Kundin nicht zu verlieren.

② Sie haben eine Bildungsreise nach Russland gebucht. Zehn Tage Rundreise mit Besuch von Moskau, St. Petersburg, Kiew usw. Die Reise wird von einem Reiseleiter begleitet, der perfekt Deutsch und Russisch spricht. Sie werden also eine Menge lernen. Die Reise kostet 850 Euro. Sie kommen ins Reisebüro, um die letzten 250 Euro zu bezahlen. Übermorgen geht der Flug nach St. Petersburg.

③ Sie arbeiten in einem Reisebüro. Zu Ihnen kommt ein Kunde/eine Kundin, der/die die restlichen 700 Euro für eine Safari-Reise nach Uganda bezahlen will. Der Gesamtpreis beträgt 2100 Euro, inklusive Jagdtrophäen. Die Reise soll in drei Tagen beginnen. Nun gibt es leider ein Problem: Die Regenzeit hat in Uganda schon begonnen (früher als normalerweise!), sodass man auf der Landstraße nicht fahren kann. So wird leider die Safari in diesem Jahr unmöglich. Jetzt haben Sie dem Kunden/der Kundin zwei Möglichkeiten anzubieten: entweder das Gleiche im nächsten Jahr oder eine Trekking-Tour zu Fuß im Himalaya. Wer an diesen Wanderungen im Himalaya teilnehmen will, muss einen gesunden Organismus haben und sehr gut trainiert sein. Aber: Für jeden Teilnehmer ist im Preis ein Sherpa inklusive, der das persönliche Gepäck trägt. 350 km weit. Diese Reise kostet 300 Euro mehr, weil die Flüge nach Asien teurer sind. Versuchen Sie, den Kunden/die Kundin nicht zu verlieren.

④ Sie haben eine Reise nach Spanien gebucht, genaugenommen eine Kunstreise nach Madrid. Im Programm ist ein Besuch des Prado mit Bildern von Hieronymus Bosch, El Greco, Velázquez usw. Höhepunkt des Programms ist aber die Besichtigung des Gemäldes „Guernica" von Pablo Picasso, das Sie auf jeden Fall sehen wollen. Die Reise dauert fünf Tage, kostet 750 Euro mit Zug und Hotel, und Sie kommen jetzt ins Reisebüro, um die restlichen 250 Euro zu bezahlen. Übermorgen geht die Reise los.

1. Geschichte:

Die Reihenfolge Ihrer Bildgeschichte ist durcheinander geraten. Fragen Sie Ihren Partner / Ihre Partnerin.
Falls Sie die Beschreibungen Ihres Partners / Ihrer Partnerin nicht genau verstehen, fragen Sie nach.
Nummerieren Sie die Reihenfolge der Bilder.

2. Geschichte:

Sie haben hier eine Geschichte. Versuchen Sie, Ihrem Partner / Ihrer Partnerin die Reihenfolge der Geschichte
anzugeben, indem Sie jedes einzelne Bild beschreiben.

> *Redemittel:* Auf dem ersten Bild | ist ...
> | sieht man ...

*Jetzt geben Sie jeder Geschichte einen Titel. Erzählen Sie dann die Geschichte noch einmal gemeinsam
in der Klasse.*

1. Geschichte:

Sie haben hier eine Geschichte. Versuchen Sie, Ihrem Partner / Ihrer Partnerin die Reihenfolge der Geschichte anzugeben, indem Sie jedes einzelne Bild beschreiben.

> *Redemittel:* Auf dem ersten Bild | ist …
> | sieht man …

2. Geschichte:

Die Reihenfolge Ihrer Bildgeschichte ist durcheinander geraten. Fragen Sie Ihren Partner / Ihre Partnerin. Falls Sie die Beschreibungen Ihres Partners / Ihrer Partnerin nicht genau verstehen, fragen Sie nach. Nummerieren Sie die Reihenfolge der Bilder.

Jetzt geben Sie jeder Geschichte einen Titel. Erzählen Sie dann die Geschichte noch einmal gemeinsam in der Klasse.

Bankräuber

In Ihrer Stadt hat es vor vier Tagen einen spektakulären Banküberfall gegeben:

1.548.612 Euro sowie das goldene Feuerzeug des Chefkassierers mit der Gravur „Susi" sind geraubt worden. Es gibt zwei Augenzeugen für den Überfall, was sehr wichtig ist, da von den Räubern jede Spur fehlt. Der eine Augenzeuge sind Sie, der andere Ihr Partner/Ihre Partnerin.

Erzählen Sie Ihrem Partner/Ihrer Partnerin alles, was Sie über den Überfall wissen. Hören Sie auch seine/ihre Version. Vergleichen Sie mit ihm/ihr die beiden Aussagen und notieren Sie eventuelle Unterschiede und Widersprüche. Aber zeigen Sie ihm/ihr den Text nicht!

Hier ist Ihre Zeugenaussage:

„Also, ich hab alles genau gesehen: Es war ein herrlicher Frühlingstag. Mit kreischenden Bremsen hielt plötzlich ein olivgrüner Peugeot direkt vor dem Gebäude der Volksbank. In dem Wagen saßen vier Leute, ob Männer oder Frauen, konnte ich nicht sehen, weil alle maskiert waren. Der Wagen hatte noch nicht gehalten, da gingen auch schon die Türen auf und drei Leute sprangen heraus, unter ihnen der Fahrer. Zwei von ihnen hatten Maschinenpistolen im Arm. Einige Passanten, die das sahen, liefen entsetzt davon. Dann verschwanden alle drei in der Bank. Die Person, die im Wagen geblieben war, setzte sich inzwischen auf den Fahrersitz. Ich habe alles vom Fenster meines Büros aus gesehen, das gegenüber der Bank liegt. Weil ich das Telefon am Fenster habe, hab ich sofort die nächste Polizeiwache angerufen, während ich weiter alles beobachtete. Es waren ungefähr zwei Minuten vergangen, es war jetzt genau eine Minute nach zwei, zumindest auf meiner Armbanduhr, da kamen vier maskierte Leute aus der Bank gerannt. Einer von ihnen hatte einen großen Sack dabei. Blitzschnell stiegen die Leute in den Wagen. Bei der Abfahrt gab es ein kleines Problem: Der Motor sprang nicht sofort an, aber beim zweiten Versuch ging es dann. Der Wagen fuhr relativ langsam davon, die Polizei kam erst drei Minuten später. Wenn Sie mich nach dem Nummernschild des Wagens fragen: Es fing mit einem „S" an, mehr habe ich nicht gesehen. Zur Kleidung fiel mir auf, dass einer der drei, die die Bank betreten haben, rote Schuhe trug. Alle hatten braune Anzüge an. Der eine war etwas kleiner als der andere, aber größer als der Dritte."

Bankräuber

In Ihrer Stadt hat es vor vier Tagen einen spektakulären Banküberfall gegeben:

1.548.612 Euro sowie das goldene Feuerzeug des Chefkassierers mit der Gravur „Susi" sind geraubt worden. Es gibt zwei Augenzeugen für den Überfall, was sehr wichtig ist, da von den Räubern jede Spur fehlt. Der eine Augenzeuge sind Sie, der andere Ihr Partner/Ihre Partnerin.

Erzählen Sie Ihrem Partner/Ihrer Partnerin alles, was Sie über den Überfall wissen. Hören Sie auch seine/ihre Version. Vergleichen Sie mit ihm/ihr die beiden Aussagen und notieren Sie eventuelle Unterschiede und Widersprüche. Aber zeigen Sie ihm/ihr den Text nicht!

Hier ist Ihre Zeugenaussage:

„Es war 13 Uhr 59, das weiß ich ganz genau, weil ich auf die Nachrichten im Radio gewartet habe, die um 14 Uhr anfangen, und ich stand zufällig am Fenster, weil ich die Blumen gegossen habe, als ein grünes Auto mit Münchner Kennzeichen unter meinem Fenster hielt. Ich wohne schräg gegenüber der Volksbank und konnte alles sehr genau sehen. Die Straße war zu dieser Stunde wie gewöhnlich menschenleer. Die fünf Insassen hatten es offensichtlich nicht eilig. Nach einigen Sekunden stiegen drei von ihnen aus dem Wagen und überquerten die Straße, um die Bank zu betreten. Der Fahrer blieb im Wagen sitzen, und der Wagen blieb mit dem laufenden Motor stehen. Jetzt verstand ich die Situation: Zwei von ihnen hatten Maschinenpistolen im Arm und trugen braune Anzüge. Der Dritte hatte wegen des schlechten Wetters einen schwarzen Regenmantel an. Die Gesichter waren nicht zu erkennen, weil alle maskiert waren. Bisher war alles absolut lautlos vor sich gegangen. Wenn Sie mich fragen, was die drei sonst noch anhatten: Ich erinnere mich nur noch, dass einer von ihnen rote Schuhe trug. Der eine war etwas größer als der andere, während der Dritte etwas kleiner war. Als die drei die Bank betreten hatten, bin ich vom Fenster weggegangen, um die nächste Polizeiwache anzurufen. Das dauerte etwas länger, weil dort besetzt war. Als endlich die Leitung frei war, waren sie auf der Wache schon informiert worden. Als ich wieder ans Fenster zurückkam, saßen bereits alle wieder im Wagen und der Wagen fuhr leise, aber schnell davon. Die Polizei kam erst drei Minuten später."

Zitate (20. Jahrhundert)

	A	B	C	D	E
1. Eifersucht ist Angst vor dem Vergleich.					
2. Manche Menschen besitzen ihre Intelligenz zum Vereinfachen, manche zum Komplizieren.					
3. Fürchtet doch nicht so den Tod, sondern mehr das unerträgliche Leben!					
4. Fast jede Frau wäre gern treu. Schwierig ist es bloß, den Mann zu finden, dem man treu sein kann.					
5. Erst im Unglück weiß man wahrhaft, wer man ist.					
6. Die Zeit ist mit Neuem schwanger, ohne gebären zu können.					
7. Wer alle seine Ziele erreicht hat, hat sie wahrscheinlich zu niedrig gewählt.					
8. Das Falsche ist oft die Wahrheit, die auf dem Kopf steht.					
9. Arbeit ist schwer, aber nicht arbeiten ist die Hölle.					
10. Freiheit ist immer die Freiheit der Andersdenkenden.					
11. Ist dir nicht aufgefallen, wie viel Frechheit durch Unsicherheit zu erklären ist?					
12. Einsamkeit ist der Weg, auf dem das Schicksal den Menschen zu sich selbst führen will.					
13. Wenn A für Erfolg steht, gilt die Formel: A = X + Y + Z. X ist Arbeit, Y ist Muße und Z heißt Mundhalten.					
14. Was wir denken, hat seine Folgen.					
15. Wer den halben Tag schläft, hat das halbe Leben gewonnen.					
16. Glück entsteht oft durch Aufmerksamkeit in kleinen Dingen, Unglück oft durch Vernachlässigung kleiner Dinge.					

1. Max Frisch, 2. Erich Kästner, 3. Bertolt Brecht,
4. Marlene Dietrich, 5. Stefan Zweig, 6. Ernst Bloch,
7. Herbert von Karajan, 8. Sigmund Freud,
9. Thomas Mann, 10. Rosa Luxemburg, 11. Kurt Tucholsky,
12. Hermann Hesse, 13. Albert Einstein, 14. Friedrich
Dürrenmatt, 15. Karl Kraus, 16. Wilhelm Busch.

Kreuzen Sie zuerst die entsprechenden Buchstaben an.
Dann diskutieren Sie, wenn Sie wollen in der Klasse,
warum Sie dieses oder jenes Zitat gut oder schlecht finden.
Versuchen Sie Beispiele zu nennen.

Schlüssel:

A = Das finde ich phantastisch.
B = Das finde ich gut.
C = Das finde ich nicht so gut.
D = Das finde ich überhaupt nicht gut.
E = Das verstehe ich nicht. / Das sagt mir nichts.

Kennen Sie ein gutes Zitat? Wenn ja, notieren Sie es.

Zitate (20. Jahrhundert)

	A	B	C	D	E
1. Eifersucht ist Angst vor dem Vergleich.					
2. Manche Menschen besitzen ihre Intelligenz zum Vereinfachen, manche zum Komplizieren.					
3. Fürchtet doch nicht so den Tod, sondern mehr das unerträgliche Leben!					
4. Fast jede Frau wäre gern treu. Schwierig ist es bloß, den Mann zu finden, dem man treu sein kann.					
5. Erst im Unglück weiß man wahrhaft, wer man ist.					
6. Die Zeit ist mit Neuem schwanger, ohne gebären zu können.					
7. Wer alle seine Ziele erreicht hat, hat sie wahrscheinlich zu niedrig gewählt.					
8. Das Falsche ist oft die Wahrheit, die auf dem Kopf steht.					
9. Arbeit ist schwer, aber nicht arbeiten ist die Hölle.					
10. Freiheit ist immer die Freiheit der Andersdenkenden.					
11. Ist dir nicht aufgefallen, wie viel Frechheit durch Unsicherheit zu erklären ist?					
12. Einsamkeit ist der Weg, auf dem das Schicksal den Menschen zu sich selbst führen will.					
13. Wenn A für Erfolg steht, gilt die Formel: $A = X + Y + Z$. X ist Arbeit, Y ist Muße und Z heißt Mundhalten.					
14. Was wir denken, hat seine Folgen.					
15. Wer den halben Tag schläft, hat das halbe Leben gewonnen.					
16. Glück entsteht oft durch Aufmerksamkeit in kleinen Dingen, Unglück oft durch Vernachlässigung kleiner Dinge.					

1. Max Frisch, 2. Erich Kästner, 3. Bertolt Brecht, 4. Marlene Dietrich, 5. Stefan Zweig, 6. Ernst Bloch, 7. Herbert von Karajan, 8. Sigmund Freud, 9. Thomas Mann, 10. Rosa Luxemburg, 11 Kurt Tucholsky, 12. Hermann Hesse, 13. Albert Einstein, 14. Friedrich Dürrenmatt, 15. Karl Kraus, 16. Wilhelm Busch

Kreuzen Sie zuerst die entsprechenden Buchstaben an.
Dann diskutieren Sie, wenn Sie wollen in der Klasse,
warum Sie dieses oder jenes Zitat gut oder schlecht finden.
Versuchen Sie Beispiele zu nennen.

Schlüssel:

A = Das finde ich phantastisch.
B = Das finde ich gut.
C = Das finde ich nicht so gut.
D = Das finde ich überhaupt nicht gut.
E = Das verstehe ich nicht./Das sagt mir nichts.

Kennen Sie ein gutes Zitat? Wenn ja, notieren Sie es.

I. Lesen Sie Ihrem Partner/Ihrer Partnerin die Werbung für die neuesten Modelle einer großen Streichholzfirma vor. Er/Sie soll die Zeichnungen dazu finden.

1. In einer Zeit, in der es immer weniger Wälder und damit immer weniger Holzreserven gibt, sahen wir uns gezwungen, das Sparstreichholz zu erfinden.

2. Weil wir wissen: niemand braucht nur einmal Feuer, haben wir das Doppelstreichholz konstruiert.

3. Für Camping-Freunde und andere Reisende, die das Praktische lieben, gibt es nun ein Spezial-Streichholz.

4. Für Leute, die eine Zigarette nach der anderen rauchen, gibt es jetzt das Kettenraucher-Streichholz.

5. Für unser Automatik-Streichholz brauchen Sie keine Streichholzschachtel mehr. Besonders geeignet für Ferien in der Sahara.

II. Sie haben die Zeichnungen von fünf neuen Modellen einer großen Streichholzfirma. Ihr Partner/Ihre Partnerin liest Ihnen die Werbetexte dazu vor. Finden Sie die passenden Zeichnungen zu den Texten, ohne Ihrem Partner/Ihrer Partnerin die Zeichnungen zu zeigen.

Notieren Sie hier die Buchstaben:

1	2	3	4	5	Text
					Zeichnung

A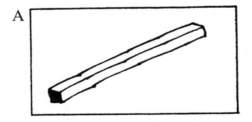

B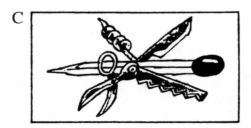

C

D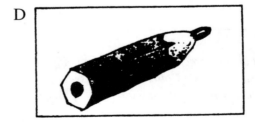

E

I. Sie haben die Zeichnungen von fünf neuen Modellen einer großen Streichholzfirma. Ihr Partner/Ihre Partnerin liest Ihnen die Werbetexte dazu vor. Finden Sie die passenden Zeichnungen zu den Texten, ohne Ihrem Partner/ Ihrer Partnerin die Zeichnungen zu zeigen.

Notieren Sie hier die Buchstaben:

1	2	3	4	5	Text
					Zeichnung

A 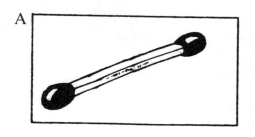 B

C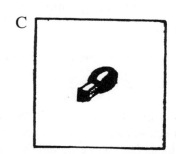

D 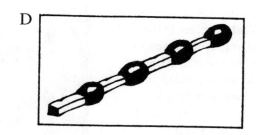 E

II. Lesen Sie Ihrem Partner/Ihrer Partnerin die Werbung für die neuesten Modelle einer großen Streichholzfirma vor. Er/Sie soll die Zeichnungen dazu finden.

1. Es passieren viele Unfälle mit Streichhölzern, besonders, wenn Kinder damit spielen. Das ist vorbei, seit es unser Sicherheits-Streichholz gibt.

2. Weil viele Menschen sich ein Streichholz wünschten, das nicht nur eine Funktion hat, haben wir das Universal-Streichholz auf den Markt gebracht.

3. Für Leute, die das Individuelle lieben und die gern ohne Streichholzschachtel gehen, haben wir das Brusttaschen-Streichholz erfunden.

4. Das Streichholz für jeden professionellen Spion, der nicht sofort zeigen möchte, dass er ein Streichholz in der Hand hat.

5. Das Streichholz für Leute, die sich das Rauchen abgewöhnen wollen.

Hermann Hesse

Notieren Sie die Daten. Sie können dabei nachfragen.

..... Indienreise

..... Obersekundarreife

..... Seminarist

..... Tod seiner Mutter

..... Tod seines Vaters

..... 1. Eheschließung

..... 2. Eheschließung

..... 3. Eheschließung

..... Erste Italienreise

..... Geburt von H. Hesse

..... Tod von H. Hesse

..... „Siddhartha"

..... Buchhändlerlehre

..... „Narziss und Goldmund"

..... Selbstmordversuch

..... Schweizer Staatsbürger

..... Eintritt ins Lyzeum

..... Goethe-Preis/Nobelpreis

..... Geburt des 1. Sohnes

..... Veröffentlichung von „Demian"

..... Friedenspreis des Deutschen Buchhandels

..... Besuch der Lateinschule

..... Übersiedlung nach Montagnola

..... Arbeit in einer Turmuhrenfabrik

..... Aufenthalt in einer Nervenheilanstalt

..... Arbeit in einer Buchhandlung

..... Flucht aus dem Klosterseminar

..... Herausgabe von „Der Steppenwolf"

..... Gründung der liberalen Zeitschrift „März"

..... Arbeit in der Gefangenenfürsorge

Lesen Sie Ihrem Partner / Ihrer Partnerin den Text vor und helfen Sie ihm/ihr, die Jahreszahlen zu finden.

Sigmund Freud

Am 6. Mai 1856 wurde Sigmund Freud in Freiburg/Mähren (heute Pribor/Tschechien) geboren. Sein Vater (Jacob Freud), der schon zwei Kinder aus erster Ehe hatte, war Stoffhändler. Drei Jahre später ging das Geschäft ein, und die Familie musste nach Wien ziehen, wo sie sehr einfach lebte. Schon mit neun Jahren trat Sigmund Freud ins Gymnasium ein. 1873 bestand er mit Erfolg das Abschlussexamen und entschloss sich dann, Medizin zu studieren. 3 Jahre später betrieb er in Triest seine ersten persönlichen Forschungen über die Geschlechtsdrüsen der Aale. Während seines Studiums interessierte er sich für nichts anderes als den neurologischen Aspekt der Fragen. Erst 1881 bestand er die Abschlussexamina. Zwei Jahre später wurde er Assistent von Meynert, der sich mit Psychiatrie beschäftigte. Damals ahnte er schon die Rolle des Wunsches in der „Amentia". Im darauffolgenden Jahr befasste er sich mit einer Studie über Kokain und veröffentlichte eine Monographie über die Kokapflanze. 1885 konnte er dank eines Stipendiums nach Paris fahren, wo er bei Charcot in der Salpêtrière Fälle von Hysterie und die Auswirkungen der Hypnose und Suggestion beobachtete. Nachdem er ein Jahr später kurze Zeit in Berlin gewesen war, wo er sich für die Neuropathologie des Kindes interessierte, kehrte er nach Wien zurück, und nach einem kurzen Aufenthalt im Institut für Kinderkrankheiten eröffnete er seine Privatpraxis. Noch im gleichen Jahr heiratete er Martha Bernays. Ein Jahr danach begann er die Hypnose anzuwenden. In diesem Jahr kam seine erste Tochter zur Welt. 1891 veröffentlichte er ein Buch über Aphasie. 1896 versetzte er sein Auditorium in Bestürzung durch eine Vorlesung über die sexuellen Krankheitsursachen der Hysterie. In diesem Jahr starb sein Vater. Ein Jahr später entdeckte er den Ödipuskomplex. 1898 beendete er die „Traumdeutung", und 1901 kam die „Psychopathologie des Alltagslebens" heraus. Zwei Jahre danach hatte er seine ersten Schüler. 1905 veröffentlichte er die „Abhandlungen zur Sexualtheorie" und fünf Jahre später erste Schriften über die Psychoanalyse. 1913 brach er seine Beziehungen zu Jung ab. Im gleichen Jahr erschien „Totem und Tabu". 1919 starb seine Tochter Sophie. Zwei Jahre später erschien „Massenpsychologie und Ich-Analyse". 1930 wurde er mit dem Goethe-Preis ausgezeichnet. Im gleichen Jahr starb seine Mutter. 1933 wurden die Werke Freuds von den Nationalsozialisten in Berlin verbrannt. Nach dem Anschluss Österreichs an Deutschland wanderte er 1938 nach London aus, wo er am 23. 9. 1939 starb.

Lesen Sie Ihrem Partner / Ihrer Partnerin den Text vor und helfen Sie ihm/ihr, die Jahreszahlen zu finden.

Hermann Hesse

Hermann Hesse wurde am 2. 7. 1877 als Sohn des Missionars Johannes Hesse (1847–1916) und der Marie Hesse (1842–1902) in Calw/Württemberg geboren. 1886 besuchte er in Calw das Reallyzeum. Drei Jahre später ging er noch ein Jahr lang in die Lateinschule von Göppingen und legte dann mit Erfolg das Land-examen ab, das Voraussetzung für eine kostenlose Ausbildung zum evangelischen Theologen war. Noch im gleichen Jahr trat er als Seminarist ins Klosterseminar von Maulbronn ein, aus dem er ein Jahr später floh, weil er entweder „Dichter oder gar nichts werden wollte". In diesem Jahr beging er einen Selbstmordver-such und war kurze Zeit in der Nervenheilanstalt. 1893 absolvierte er das Examen zur Obersekundarreife. Im darauffolgenden Jahr war er Praktikant in einer Turmuhrenfabrik seiner Heimatstadt. 1895 begann er eine dreijährige Buchhändlerlehre und arbeitete ab 1899 als Gehilfe in einer Baseler Buchhandlung. Zu dieser Zeit begann seine schriftstellerische Tätigkeit. 1901 fuhr er zum ersten Mal nach Italien. Zwei Jahre später gab er seine Buchhändlertätigkeit auf. Im darauffolgenden Jahr heiratete er und arbeitete dann als freier Schriftsteller am Bodensee. 1905 kam sein erster Sohn zur Welt. Ein Jahr später gründete er die liberale Zeitschrift „März". 1911 unternahm er eine Reise nach Italien. Während des ersten Weltkrieges (1914–1918) arbeitete er in der „Deutschen Gefangenenfürsorge", wo er hunderttausende von deutschen Kriegsgefangenen mit Lektüre und einer von ihm herausgegebenen Zeitung versorgte. Ein Jahr nach dem 1. Weltkrieg zog er nach Montagnola/Tessin um und gab unter einem Pseudonym das Buch „Demian" heraus. 1922 erschien das Buch „Siddhartha". Zwei Jahre darauf heiratete er zum zweiten Mal und wurde wieder Schweizer Staatsbürger. Zu seinem 50. Geburtstag erschien das Buch „Der Steppenwolf", drei Jahre später „Narziss und Goldmund". 1931 heiratete er die Kunsthistorikerin Ninon Dolbin. Im 2. Weltkrieg galten Hesses Werke in Deutschland für unerwünscht. Ein Jahr nach dem 2. Welt-krieg erhielt er den Goethe-Preis der Stadt Frankfurt sowie den Nobelpreis für Literatur. Außerdem wurde er 1955 mit dem Friedenspreis des Deutschen Buchhandels ausgezeichnet. Am 9. August 1962 starb Hermann Hesse in Montagnola.

Sigmund Freud

Notieren Sie die Daten. Sie können dabei nachfragen.

….. Tod des Vaters
….. Beginn des Medizinstudiums
….. Geburt von S. Freud
….. Bruch mit Jung
….. Eheschließung
….. Rückkehr nach Wien
….. Erste Forschungen
….. Tod seiner Tochter
….. Erste Schüler
….. Geburt seiner ersten Tochter
….. Assistent
….. Auswanderung nach London
….. Tod seiner Mutter
….. „Massenpsychologie und Ich-Analyse"
….. Tod
….. Goethe-Preis
….. Studie über Kokain
….. Studienreise nach Paris
….. Eigene Praxis
….. Abschluss des Studiums

….. Allgemeine Empörung über Freuds Vorlesung
….. Beginn der Anwendung von Hypnose
….. Übersiedlung nach Wien
….. Erste Schriften über Psychoanalyse
….. Entdeckung des Ödipuskomplexes
….. Eintritt ins Gymnasium
….. Veröffentlichung über Aphasie
….. Verbrennung seiner Bücher
….. Abschluss der „Traumdeutung"
….. Herausgabe der „Abhandlungen zur Sexualtheorie"

I. Leguane sind große Reptilien. Die Körpertemperatur der Reptilien bleibt nicht immer gleich wie beim Menschen, sondern steigt oder sinkt mit der Außentemperatur. Dieses biologische Phänomen führt dazu, dass die Leguane zum Beispiel ihr Verhalten der Temperatur anpassen. Lesen Sie die folgenden sechs Beispiele Ihrem Partner/ Ihrer Partnerin vor, er/sie muss die passende Zeichnung dazu finden.

1. Um sich zu wärmen, legen sich die Leguane in die Morgensonne, indem sie der Sonne ihre Seite bieten, um so viel Körperoberfläche wie möglich der Sonneneinstrahlung auszusetzen.

2. Wenn es wärmer wird, wenden sich die Leguane mit dem Gesicht zur Sonne und verringern so die Körperoberfläche, die der Hitze ausgesetzt wird.

3. Wenn es den Leguanen zu heiß wird, heben sie den Körper von den Felsen, damit der Wind ihnen die Bauchgegend abkühlt.

4. Wenn die Hitze am größten wird, sammeln sich die Leguane im Schatten der Felsen.

5. Leguane ernähren sich von Algen. Da sie sehr schnell an Körpertemperatur verlieren, können sie sich nicht lange im Wasser aufhalten.

6. Zurück aus dem Wasser, legen sie sich erneut in die Sonne, um sich zu wärmen und zu verdauen.

II. Sie haben hier sechs Zeichnungen von einem Eichhörnchen. Ihr Partner/Ihre Partnerin liest Ihnen Texte vor und Sie sollen die Zeichnungen dazu finden.

Notieren Sie hier die Buchstaben:

1	2	3	4	5	6	Text
						Zeichnung

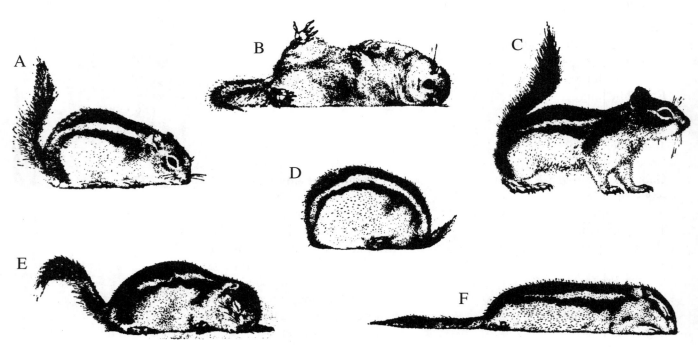

I. Sie haben hier sechs Zeichungen von Leguanen. Ihr Partner/Ihre Partnerin liest Ihnen Texte vor und Sie sollen die Zeichnungen dazu finden.

Notieren Sie hier die Buchstaben:

1	2	3	4	5	6	Text
						Zeichnung

A

B

C

D

E

F

II. Das Eichhörnchen ist ein Säugetier, das die Wintermonate im Winterschlaf verbringt. Während des Winterschlafs sinkt die normale Körpertemperatur des Eichhörnchens von 32°C auf 4°C. Das Tier ist in dieser Zeit total inaktiv und das Herz schlägt nur sehr schwach. Lesen Sie Ihrem Partner/Ihrer Partnerin die folgenden Phasen im Winterschlaf eines Eichhörnchens vor, er/sie soll die passende Zeichnung dazu finden.

1. Im Winterschlaf rollt sich das Eichhörnchen zusammen, um die Wärme besser zu konservieren.

2. Auch während des Winterschlafs streckt sich das Eichhörnchen von Zeit zu Zeit.

3. Bei zunehmender Temperatur wird das schlafende Eichhörnchen nach und nach wieder aktiv und rollt sich auf dem Boden hin und her.

4. Ein weiteres Anzeichen für das langsame Erwachen des Eichhörnchens sind seine Bewegungen mit dem Schwanz.

5. Wenn das Eichhörnchen die Augen öffnet, wird es kurze Zeit später seinen Winterunterschlupf verlassen.

6. Vollständig erwacht, wird das Eichhörnchen zunächst in die Sonne laufen, um sich zu wärmen, und dann auf Nahrungssuche gehen.

Benutzen Sie für Ihre Beschwerden diese Formulierungen:

– Ich möchte mich (bei Ihnen) darüber beschweren, dass …
– Ich möchte mich darüber beklagen, dass …
– Es ist unerhört, dass …
– Ich finde, es geht nicht, dass …
– Es geht zu weit, wenn …
– Hinzukommt, dass …
– Außerdem *(+ Verb)* …
– Und noch etwas: …

---

1. Sie lernen Deutsch an einer Fremdsprachenschule. Sie beschweren sich beim Leiter/bei der Leiterin der Schule über folgende Dinge:

– Lehrer spricht nur Deutsch;
– Lehrer kommt immer zu spät;
– Krankenhaus in der Nähe, alle 5 Minuten kommt ein Krankenwagen mit Sirene vorbei;
– Kassettenrekorder mit schlechter Akkustik;
– kein freundlicher Warteraum;
– kein Fahrstuhl im Haus.

---

2. Sie sind der Personalchef/die Personalchefin eines Restaurants. Ein Gast kommt zu Ihnen, um sich zu beschweren. Sie können die einzelnen Beschwerden akzeptieren, ablehnen oder versuchen zu erklären.

---

3. Sie sind im Urlaub in einem 3-Sterne-Hotel, im 7. Stock. Sie beschweren sich beim Direktor/bei der Direktorin über folgende Dinge:

– Fahrstuhl kaputt (seit 3 Tagen);
– Zimmermädchen kommt nie, um das Bett zu machen (weil der Fahrstuhl kaputt ist?);
– nebenan ist eine katholische Kirche, jeden Morgen um 7 Uhr läuten die Glocken;
– Toilette immer besetzt;
– Direktor/in serviert das Essen nie selbst;
– keine Ventilation im Speisesaal.

---

4. Sie sind der Besitzer/die Besitzerin einer Pension. Ein Gast kommt zu Ihnen, um sich zu beschweren. Sie können die einzelnen Beschwerden akzeptieren, ablehnen oder versuchen zu erklären.

Benutzen Sie für Ihre Beschwerden diese Formulierungen:

> – Ich möchte mich (bei Ihnen) darüber beschweren, dass …
> – Ich möchte mich darüber beklagen, dass …
> – Es ist unerhört, dass …
> – Ich finde, es geht nicht, dass …
> – Es geht zu weit, wenn …
> – Hinzukommt, dass …
> – Außerdem *(+ Verb)* …
> – Und noch etwas: …

---

1. Sie sind der Leiter/die Leiterin einer Sprachenschule. Ein Schüler/eine Schülerin kommt zu Ihnen, um sich zu beschweren. Sie können die einzelnen Beschwerden akzeptieren, ablehnen oder versuchen zu erklären.

---

2. Sie sind im Restaurant und beschweren sich beim Chef/bei der Chefin des Personals über folgende Dinge:

– 55 Minuten aufs Essen gewartet;
– Kellner hat Ihre Hose/Ihr Kleid mit Wein beschmutzt;
– kaltes Essen;
– Zwiebel-Steak war ohne Zwiebeln;
– Kellner spricht kaum Deutsch;
– Sie haben im Speisesaal eine Maus gesehen;
– Kellner hat lange Haare (unästhetisch!).

---

3. Sie sind der Direktor/die Direktorin eines 3-Sterne-Hotels. Ein Gast kommt zu Ihnen, um sich zu beschweren. Sie können die einzelnen Beschwerden akzeptieren, ablehnen oder versuchen zu erklären.

---

4. Sie sind im Urlaub in einer Pension. Sie beschweren sich am zweiten Tag beim Besitzer/bei der Besitzerin der Pension:

– zwischen Ihrem Einzelzimmer und dem benachbarten Einzelzimmer ist keine Wand, sondern nur eine Gardine;
– im benachbarten Einzelzimmer wohnt ein alter Mann mit Asthma;
– heißes Wasser nur zwischen 2 Uhr und 5 Uhr morgens;
– nachts hört man Tiere im Zimmer;
– 2 km weiter ist ein Militärflughafen;
– nebenan ist eine Fischkonservenfabrik.

© Langenscheidt Verlag 2000. Vervielfältigung zu Unterrichtszwecken gestattet.

Szene 1:

Sie sind Susanne Hilbrecht, 26 Jahre alt. Sie leben zusammen mit 112 anderen Frauen in einem Mädchenwohnheim. Es ist dort verboten, Männerbesuch zu empfangen. Sie finden diese Regelung absurd.

Am nächsten Wochenende möchte ihr Cousin Sie besuchen kommen. Sie gehen deshalb zum Direktor des Heims, um eine Sondererlaubnis dafür zu bekommen, dass ihr Cousin bei Ihnen bleiben kann. Der Direktor ist ein sehr humaner Mann. Diskutieren Sie mit dem Direktor!

Szene 2:

Sie sind Direktorin in einem Männerwohnheim, in dem 225 Herren wohnen. Es ist strengstens verboten, Frauen im Zimmer zu empfangen. Nun gibt es Probleme mit Detlev Winzmann: Seine Zimmernachbarn haben in der letzten Woche mehrmals gehört, dass jemand in seinem Badezimmer war, auch wenn Herr Winzmann weggegangen war. Ein Zimmernachbar hat sogar gehört, dass Herr Winzmann im Badezimmer mit jemandem gesprochen hat. Er vermutet, dass seine Freundin bei ihm zu Besuch ist.

Als Sie nachsehen wollten, was dort los ist, war die Zimmertür abgeschlossen! Das ist nicht erlaubt. Sie reden mit Herrn Winzmann.

1

2

Szene 1:

Sie sind Direktor in einem Mädchenwohnheim. Es wohnen dort 113 Damen. Männerbesuch ist nach der Hausordnung verboten. Sie möchten im Haus kein Chaos haben und passen immer gut auf, dass sich alle an die Regeln halten.

Sie haben gehört, dass eine Mieterin (Susanne Hilbrecht) zum nächsten Wochenende ihren Freund zu sich eingeladen hat – natürlich ohne Sie zu informieren! Das gibt Theater! Und diese Susanne Hilbrecht kommt jetzt gerade zu Ihnen und will etwas!

Szene 2:

Sie sind Detlev Winzmann, 24 Jahre alt. Sie wohnen zusammen mit 224 anderen Herren in einem Männerwohnheim. In der Hausordnung steht: „Frauen und Tieren ist der Zutritt zu den Zimmern strengstens verboten."

Seit zehn Tagen haben Sie ein junges Krokodil in der Badewanne. Nicht für immer, sondern nur, bis Ihre Schwester bei sich zu Hause das Aquarium fertig hat. Selbstverständlich darf das niemand wissen. Nun will die Direktorin mit Ihnen reden.

1

2

Zusammen mit Ihrem Partner/Ihrer Partnerin müssen Sie zwei Briefe in diesem Durcheinander finden.
Jeder Brief besteht aus zehn Teilen. Von jedem Brief haben Sie fünf Teile: vom einen die Teile 1, 3, 5, 7, 9,
vom anderen die Teile 2, 4, 6, 8, 10.

Lesen Sie sich die Fragmente gegenseitig vor, so oft Sie wollen, aber: Sie dürfen sich den Text nicht gegenseitig
zeigen! Alle Teile sind mit einem Buchstaben markiert. Als Hilfe können Sie das Gefundene durchnummerieren.

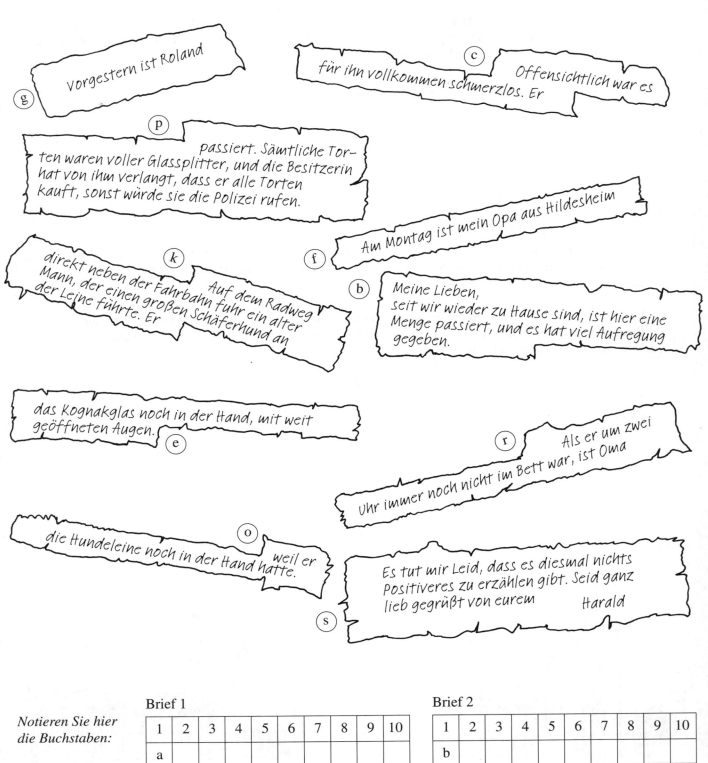

(g) Vorgestern ist Roland

(c) für ihn vollkommen schmerzlos. Er   Offensichtlich war es

(p) passiert. Sämtliche Tor-
ten waren voller Glassplitter, und die Besitzerin
hat von ihm verlangt, dass er alle Torten
kauft, sonst würde sie die Polizei rufen.

(f) Am Montag ist mein Opa aus Hildesheim

(k) direkt neben der Fahrbahn fuhr ein alter
Mann, der einen großen Schäferhund an
der Leine führte. Er   Auf dem Radweg

(b) Meine Lieben,
seit wir wieder zu Hause sind, ist hier eine
Menge passiert, und es hat viel Aufregung
gegeben.

(e) das Kognakglas noch in der Hand, mit weit
geöffneten Augen.

(r) Als er um zwei
Uhr immer noch nicht im Bett war, ist Oma

(o) die Hundeleine noch in der Hand hatte.   weil er

(s) Es tut mir Leid, dass es diesmal nichts
Positiveres zu erzählen gibt. Seid ganz
lieb gegrüßt von eurem   Harald

Notieren Sie hier die Buchstaben:

Brief 1

1	2	3	4	5	6	7	8	9	10
a									

Brief 2

1	2	3	4	5	6	7	8	9	10
b									

Zusammen mit Ihrem Partner/Ihrer Partnerin müssen Sie zwei Briefe in diesem Durcheinander finden.
Jeder Brief besteht aus zehn Teilen. Von jedem Brief haben Sie fünf Teile: vom einen die Teile 1, 3, 5, 7, 9,
vom anderen die Teile 2, 4, 6, 8, 10.

Lesen Sie sich die Fragmente gegenseitig vor, so oft Sie wollen, aber: Sie dürfen sich den Text nicht gegenseitig
zeigen! Alle Teile sind mit einem Buchstaben markiert. Als Hilfe können Sie das Gefundene durchnummerieren.

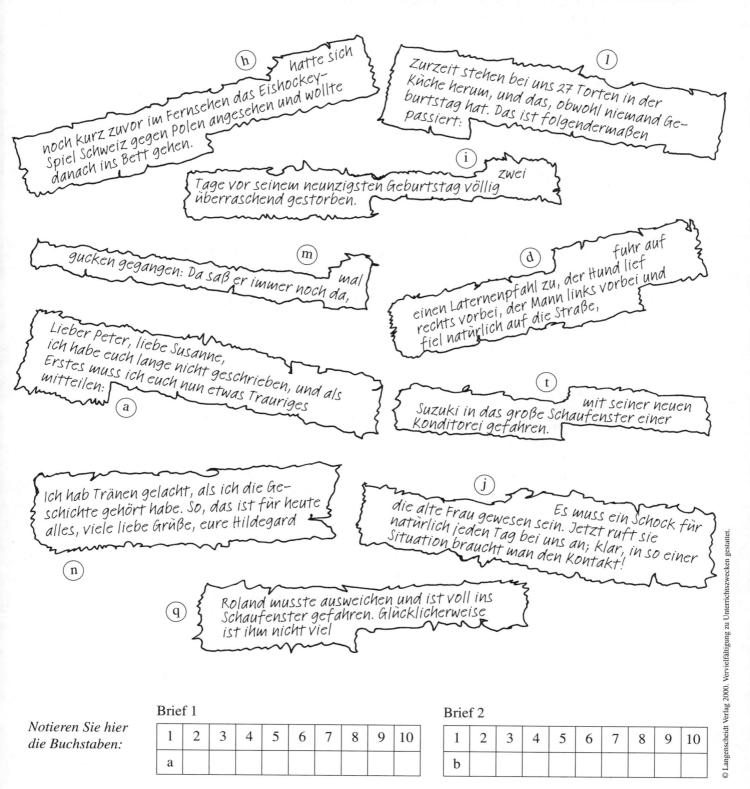

(h) noch kurz zuvor im Fernsehen das Eishockey-Spiel Schweiz gegen Polen angesehen und wollte hatte sich danach ins Bett gehen.

(l) Zurzeit stehen bei uns 27 Torten in der Küche herum, und das, obwohl niemand Geburtstag hat. Das ist folgendermaßen passiert:

(i) Tage vor seinem neunzigsten Geburtstag völlig überraschend gestorben. zwei

(m) gucken gegangen: Da saß er immer noch da, mal

(d) einen Laternenpfahl zu, der Hund lief rechts vorbei, der Mann links vorbei und fiel natürlich auf die Straße, fuhr auf

(a) Lieber Peter, liebe Susanne, ich habe euch lange nicht geschrieben, und als Erstes muss ich euch nun etwas Trauriges mitteilen:

(t) Suzuki in das große Schaufenster einer Konditorei gefahren. mit seiner neuen

(n) Ich hab Tränen gelacht, als ich die Geschichte gehört habe. So, das ist für heute alles, viele liebe Grüße, eure Hildegard

(j) die alte Frau gewesen sein. Jetzt ruft sie natürlich jeden Tag bei uns an; klar, in so einer Situation braucht man den Kontakt! Es muss ein Schock für

(q) Roland musste ausweichen und ist voll ins Schaufenster gefahren. Glücklicherweise ist ihm nicht viel

Notieren Sie hier die Buchstaben:

Brief 1

1	2	3	4	5	6	7	8	9	10
a									

Brief 2

1	2	3	4	5	6	7	8	9	10
b									

Lösungen

Teil A

Kapitel 11:   4. Klaus: 3 Stunden und 3 Minuten / Frau Meier: 1 Stunde und 45 Minuten

Kapitel 38:   1. Wikinger: Nordamerika, Kolumbus: Südamerika
                 2. Nein, in Russland (Sibirien) und in Alaska
                 3. Bukarest
                 4. Roald Amundsen
                 5. Nein
                 6. 3600
                 7. Ja
                 8. Ja
                 9. 1914–1918
                10. Ja

Kapitel 39:   1 F, 2 B, 3 A, 4 C, 5 D, 6 G, 7 E.

Kapitel 42:   Teil 2: Anzeige 5

Kapitel 49:   Richtige Reihenfolge: 1d, 2f, 3e, 4b, 5a, 6c.
                 Letzte Überfahrt: Wolf und Kohl sind rechts, Bauer bringt Ziege von links nach rechts.

Kapitel 55:   Teil 2: Anzeige links, dritte von oben

Kapitel 56:   1 L, 2 J, 3 Q, 4 F, 5 P, 6 C, 7 S, 8 T, 9 R, 10 K, 11 H, 12 O, 13 E, 14 A, 15 N, 16 G, 17 D, 18 B, 19 M, 20 I.

Kapitel 60:   Teil 2: Hotel Venus

Kapitel 65:   Teil 2: 1 E, 2 C, 3 B, 4 D, 5 A.

Kapitel 66:

1911	Indienreise	1924	Schweizer Staatsbürger
1893	Obersekundarstufe	1886	Eintritt ins Lyzeum
1890	Seminarist	1946	Goethe-Preis/Nobelpreis
1902	Tod seiner Mutter	1905	Geburt des 1. Sohnes
1916	Tod seines Vaters	1919	Veröffentlichung von „Demian"
1904	1. Eheschließung	1955	Friedenspreis des deutschen Buchhandels
1924	2. Eheschließung	1889	Besuch der Lateinschule
1931	3. Eheschließung	1919	Übersiedlung nach Montagnola
1901	Erste Italienreise	1894	Arbeit in einer Turmuhrenfabrik
1877	Geburt von H. Hesse	1891	Aufenthalt in einer Nervenheilanstalt
1962	Tod von H. Hesse	1899	Arbeit in einer Buchhandlung
1922	„Siddhartha"	1891	Flucht aus dem Klosterseminar
1895	Buchhändlerlehre	1927	Herausgabe von „Der Steppenwolf"
1930	„Narziss und Goldmund"	1906	Gründung der liberalen Zeitschrift März
1891	Selbstmordversuch	1914–18	Arbeit in der Gefangenenfürsorge

Kapitel 67:   Teil 2: 1 D, 2 F, 3 B, 4 E, 5 A, 6 C.

Kapitel 70:   Brief 1: a, f, i, c, h, r, m, e, j, s.
                 Brief 2: b, l, g, t, k, d, o, q, p, n.

Lösungen

Teil B

Kapitel 11: 4. Ute: 2 Stunden / Herr Meier: 1 Stunde und 57 Minuten

Kapitel 38: s. Lösungen Teil A

Kapitel 39: 1 K, 2 J, 3 N, 4 M, 5 L, 6 I, 7 H.

Kapitel 42: Teil 1: Anzeige 4

Kapitel 49: s. Lösungen Teil A

Kapitel 55: Teil 1: Anzeige rechts, zweite von oben

Kapitel 56: A 14, B 18, C 6, D 17, E 13, F 4, G 16, H 11, I 20, J 2, K 10, L 1, M 19, N 15, O 12, P 5, Q 3, R 9, S 7, T 8.

Kapitel 60: Teil 1: Hotel Primula

Kapitel 65: Teil 1: 1 C, 2 A, 3 E, 4 D, 5 B.

Kapitel 66.:

1896 Tod des Vaters
1873 Beginn des Medizinstudiums
1856 Geburt von Sigmund Freud
1913 Bruch mit Jung
1886 Eheschließung
1886 Rückkehr nach Wien
1876 Erste Forschungen
1919 Tod seiner Tochter
1903 Erste Schüler
1887 Geburt seiner ersten Tochter
1883 Assistent
1938 Auswanderung nach London
1930 Tod seiner Mutter
1921 „Massenpsychologie und Ich-Analyse"
1939 Tod von Sigmund Freud
1930 Goethe-Preis

1884 Studie über Kokain
1885 Studienreise nach Paris
1886 Eigene Praxis
1881 Abschluss des Studiums
1896 Allgemeine Empörung über Freuds Vorlesung
1887 Beginn der Anwendung von Hypnose
1859 Übersiedlung nach Wien
1910 Erste Schriften über Psychoanalyse
1897 Entdeckung des Ödipuskomplexes
1865 Eintritt ins Gymnasium
1891 Veröffentlichung über Aphasie
1933 Verbrennung seiner Bücher
1898 Abschluss der „Traumdeutung"
1905 Herausgabe der „Abhandlungen zur Sexualtheorie"

Kapitel 67: Teil 1: 1 E, 2 C, 3 F, 4 D, 5 B, 6 A.

Kapitel 70: s. Lösungen Teil A

Quellennachweis

S. 24/25   Entfernungstabelle aus: Auto Atlas, Falk-Verlag GmbH, Hamburg

S. 36/37   Fernsehprogramm aus: „Süddeutsche Zeitung", München

S. 58/59   Stadtplanausschnitt von Köln, Verkehrsamt der Stadt Köln

S. 64/65   Foto und Fahrplan, Köln-Düsseldorfer Deutsche Rheinschifffahrt AG, Köln

S. 74/75   Fußballtabellen aus: Süddeutsche Zeitung, München

S. 112/113   Zeichnungen aus: Penny Ur, „Discussions That Work", Cambridge University Press, Cambridge

S. 120/121   Anzeigen aus: Süddeutsche Zeitung, München

S. 124/125   10 Anzeigen aus: Frankfurter Rundschau

S. 134/135   Anzeigen aus: Süddeutsche Zeitung, München

S. 138/139   Bildgeschichten aus: E. O. Plauen, „Vater und Sohn", Gesamtausgabe, © Südverlag GmbH Kostanz
                       1982. Mit Genehmigung der Gesellschaft für Verlagswerte GmbH, Kreuzlingen/Schweiz

S. 144/145   Zeichnungen aus: MAD Nr. 152, Williams-Verlag GmbH, Hamburg

S. 146/147   Fotos: Süddeutscher Verlag, München

S. 148   Zeichnungen aus: Reader's Digest Portugal, Lisboa; „Ao Encontro da Natureza"

S. 149·   Zeichnungen aus: Reader's Digest Portugal, Lisboa; „A vida na terra", David Attenborough